Christian Engert

Mitarbeiterführung heute

zeitgemäß – menschengerecht – erfolgreich

Eine Handreichung für (künftige) Führungskräfte

Achalm Wissenschafts Verlag

BIBLIOGRAFISCHE INFORMATION DER DEUTSCHEN NATIONALBIBLIOTHEK

Die Deutsche Nationalbibliothek verzeichnet diese Publikation in der Deutschen Nationalbibliografie; detaillierte bibliografische Daten sind im Internet über http://dnb.d-nb.de abrufbar.

ISBN: 978-3-942544-22-1

Christian Engert
Mitarbeiterführung heute
zeitgemäß – menschengerecht – erfolgreich

1. Auflage 2022

Gustav-Groß-Straße 83
72760 Reutlingen
07121-33 92 21

info@achalmverlag.de
www.achalmverlag.de

PRINTED IN GERMANY

Umschlaggestaltung, Graphiken und Bilder: Christian Engert

Korrektur und Lektorat: Yasmin Mai-Schoger

Erfolg hat, wer andere erfolgreich macht. *

* So **Hansi Flick** bei seiner ersten Pressekonferenz als Bundestrainer der deutschen Fußballnationalmannschaft am 10. August 2021

Geleitwort des Achalm-Wissenschaftsverlags

Kennen Sie das? – Da gibt es eine fachlich hochqualifizierte Person, die aufgrund fantastischer Arbeit in eine Leitungsfunktion befördert wird. Und plötzlich werden völlig andere Qualifikationen abverlangt: nämlich ein angemessener, menschlicher und zugleich aufgabenorientierter Zugang. Leitungskompetenz ist aber (noch) nicht vorhanden. Es kommt zu Konflikten mit untergeordneten Beschäftigten. Die neue Leitungskraft ist unglücklich, dass sie nicht mehr die Anerkennung erhält, die sie vorher hatte. Die Kolleg*innen haben sich persönlich entfernt, sind misstrauisch. Und unsere Leitungskraft reagiert dem entsprechend enttäuscht oder sogar beleidigt.

Wie kann das in Zukunft besser gehandhabt werden? Wie kann man solchen Entwicklungen vorbeugen? Wie kann das Rüstzeug für eine „gute" Führung vermittelt werden? Was sind die Essentials, die gebraucht werden?

Wie kann überhaupt Leitung im Team, in der Abteilung, im Unternehmen besser werden, damit die Beschäftigten gerne arbeiten, weil sie ernst genommen und wertgeschätzt sind. Und damit auch mehr Freude an der Arbeit haben. Und diese besser wird. Es geht also darum, die Produktivkräfte durch eine gute Arbeitsatmosphäre zu verbessern und zu erhöhen. Menschliches und Wirtschaftliches – eng verknüpft.

Dieses Buch wird von einem Autor verantwortet, der über 20 Jahre lang eine der größten Justizvollzugsanstalten Deutschlands geleitet hat. Und wenn dieser Autor auf seinem beruflichen Hintergrund mit voller Überzeugung von humanistischem Zugang zur Leitungstätigkeit schreibt, dann ist das sehr beeindruckend. Und wenn er heute noch Führungskräfte schult und ausbildet, dann ist das eine hohe Anerkennung seiner Arbeit, seiner Leitungsprinzipien.

Gerade das hat mich veranlasst, ein Geleitwort zu schreiben. Da redet einer nicht nur klug, nein – er hat es erfahren und ist Beweis dafür, dass es immer wert ist, seine sozialen, kommunikativen und psychologischen Kompetenzen zu erwerben, zu verbessern und auszubauen.

Rudolf Hausmann

Inhaltsverzeichnis

Vorwort

Weshalb dieses Buch?

Gibt es denn nicht schon genug Ratgeber zum Thema Führung?

Im Rahmen meines Engagements in der Fortbildung von Führungskräften wurde ich gelegentlich gefragt, ob ich ein für diesen Bedarf gut geeignetes Buch empfehlen könne. In diesem Zusammenhang musste ich feststellen, dass mit der großen Zahl der Abhandlungen zu diesem Thema leider keineswegs sichergestellt ist, dass Menschen in Führungspositionen oder Personen, die sich auf eine solche vorbereiten wollen, auch eine zeitgemäß praxistaugliche Handreichung hierfür finden können. Die Gründe dafür sind vielfältig. Nicht wenige der Autoren haben nur den wirtschaftlichen Ertrag der Unternehmen im Auge und nicht gezielt die Menschen und die Art und Weise, wie diese führen bzw. geführt werden. Dabei wird offenbar ausgeblendet, dass sehr viele Menschen in unserem Land in Bereichen tätig sind, in denen die Arbeit gar nicht auf Gewinnerzielung ausgerichtet ist, so wie im öffentlichen Dienst, also in den Einrichtungen von Staat, Städten und Gemeinden oder bei den Verbänden und Organisationen mit vorrangig ideellen Zielen. Andere der verfügbaren Ratgeber und die darin propagierten Führungsstrategien folgen noch dem nachhaltig wirkenden autoritären Geist der Industrialisierung mit ihren Hierarchien und standardisierten Abläufen und sind damit völlig aus der Zeit gefallen. Ist das Leben in unserer modernen demokratischen Gesellschaft heute im Gegensatz zu den Perioden davor doch maßgeblich durch Mitbestimmung und Digitalisierung und somit bei den Arbeitnehmern von der Bereitschaft zur Übernahme von Verantwortung sowie durch die Verfügbarkeit von Informationen geprägt! Einige Verfasser sind bei ihren Ratschlägen unverkennbar weniger von wissenschaftlichen Einsichten als von modischen Trends oder ideologischen Prinzipien geleitet. Die Folge ist, dass denjenigen, die ihr Verhalten daran ausrichten, der erhoffte Erfolg ebenfalls oft versagt bleibt. Manche Autoren nehmen, ohne zunächst auf die Grundlagen von Führung einzugehen, nur ausgewählte Teilaspekte in den Blick. Selbstverständlich gibt es jedoch auch Bücher, die sich mit großer Sorgfalt und Expertise eingehend und umfassend wissenschaftlich mit dem Thema auseinander setzen. Diese gehen in ihrer Komplexität und im Umfang allerdings in der Regel am Bedarf des Praktikers vorbei bzw. weit darüber hinaus.

Diese Wahrnehmungen haben in mir die Idee wachsen lassen, selbst eine Handreichung für Führungskräfte zu verfassen, die konsequent an den in der Wissenschaft der letzten Jahre gewonnenen Erkenntnissen orientiert ist und durch eine möglichst umfassende, aber in Form und Umfang prägnante Darstellung der Zusammenhänge effektiv dazu beitragen kann, die Herausforderungen zu meistern, vor die jede(r) Vorgesetzte gestellt ist. – In einem Sprichwort heißt es, dass *„Praxis dumm und Wissenschaft blind"* macht. Wenn dies stimmt, gibt es also nur einen einzigen Weg, dieses Dilemma zu überwinden, nämlich den, strikt die Erkenntnisse der Wissenschaft mit den Erfahrungen der Praxis zu verbinden. Auf diesen Weg möchte ich Sie in den nun folgenden acht Kapiteln mitnehmen. Dazu dienen auch meine Hinweise auf Erfahrungen prominenter Führungspersönlichkeiten. In Kapitel 8 sind alphabetisch geordnet 26 einschlägige Zitate zusammengefasst. – Gleichgültig, ob Sie bereits seit längerer Zeit Führungsaufgaben wahrnehmen, oder ob Sie dieses Buch gekauft haben, um sich auf eine neue Führungsrolle vorzubereiten – es war mein Anspruch und ist nun meine Hoffnung, Ihnen dafür im Ergebnis einen hilfreichen und zuverlässigen Begleiter an die Hand zu geben.

Im Interesse der Textverständlichkeit habe ich bei meinen Formulierungen schweren Herzens von einer Differenzierung nach dem biologischen Geschlecht abgesehen und mich ausschließlich am grammatischen Geschlecht (Genus) orientiert. Sämtliche Personenbezeichnungen gelten also gleichermaßen für jedes Geschlecht. Es ist mir jedoch sehr wichtig klarzustellen, dass ich damit keinerlei Wertung verbinde. Vielmehr entscheiden nach meiner Erfahrung und festen Überzeugung über die Qualität von Führung unabhängig vom Geschlecht ausschließlich die individuelle Persönlichkeit und Haltung sowie das konkrete Verhalten der oder des einzelnen Vorgesetzten.

Die im Text des Buches hochgestellten kleinen Ziffern verweisen auf ergänzende Anmerkungen, die im Anschluss an den redaktionellen Teil abgedruckt sind und Angaben zu Fundstellen und Quellen sowie Hintergrundinformationen enthalten. Um der Zielsetzung des Buches entsprechend nach Möglichkeit die Umsetzung der darin formulierten Empfehlungen in der Praxis zu fördern, habe ich dort besonders auch im Internet verfügbare Quellen und auf dem Markt preiswert angebotene Bücher benannt. Damit können die Leser unkompliziert vertiefende Informationen einholen, ohne auf die in Bibliotheken verfügbare Literatur zurückgreifen zu müssen.

Hier nun auch noch einige **Worte des Dankes**:
Dieses Buch wäre nie geschrieben worden, wenn mich nicht schon vor Jahren der seinerzeitige Leiter der Bayerischen Justizvollzugsakademie in Straubing, Leitender Regierungsdirektor Bernhard Wydra sowie sein damaliger Vertreter, Regierungsdirektor Gerhard Federl und dann gegen Ende meiner aktiven Dienstzeit erneut der noch bis vor Kurzem dort tätige Sozialrat Herbert Meißner auf die Möglichkeit angesprochen und dazu motiviert hätten, mich mit Ihnen für die Fortbildung von Bediensteten des Justizvollzuges zu engagieren. Bernhard Wydra war schon während meiner juristischen Ausbildung im Jahr 1974 mit ursächlich dafür, dass ich mich für ein Berufsleben „im Gefängnis“ entschieden habe! Mit seinem Vorbild – er war als Jurist, Psychologe und Psychotherapeut nicht nur ein herausragender Anstalts- und Schulleiter, sondern ein außerordentlich liebenswerter Mensch – hat er mich als Kollege und Freund dann bis zu seinem viel zu frühen Tod im Jahr 2009 begleitet. Gerhard Federl, ein Psychologe und Lehrsupervisor, bezog mich immer wieder in seine Arbeit mit ein, so dass ich Gelegenheit hatte, durch praktische Erfahrung an seiner Seite in meine heutige Tätigkeit als Coach hineinzuwachsen. Und schließlich war es das Angebot von Sozialrat Herbert Meißner, mit ihm ab dem Jahr 2014 die Leitung der Seminare für Führungskräfte an der der Bayerischen Justizvollzugsakademie zu übernehmen, das mir Anlass gab, mich nach 22 Jahren Praxis als Behördenleiter mit dem Thema „Führung“ auch theoretisch auseinanderzusetzen. – Von Herzen danken möchte ich auch der Lektorin, Yasmin Mai-Schoger für ihr großes Engagement bei der Realisierung dieses Buches!

Abschließend möchte ich vorsorglich noch um Nachsicht all derer bitten, die evtl. daran Anstoß nehmen, dass ich für Kapitel 7 mit der Überschrift *„Die 10 Gebote guter Führung“* eine Anleihe bei der Bibel genommen habe. Ich hoffe, damit niemanden in seinen religiösen Gefühlen zu verletzen. Mit dieser Formulierung sollen die in diesem Buch dargelegten Führungsgrundsätze auf einprägsame Weise so zusammengefasst und gekennzeichnet werden, dass das Gewicht verdeutlicht wird, das ihnen m. E. für eine erfolgreiche Führung von Mitarbeitern heute zukommt.

Bernau am Chiemsee, im Mai 2022

1

Bestandsaufnahme

1.1 Rückblick

Führung gibt es, seitdem es Menschen gibt. Menschen sind soziale Wesen und waren zur Bewältigung der Anforderungen des Lebens auf der Erde von Beginn an aufeinander angewiesen. So war bereits in der Urzeit etwa die Nahrungsbeschaffung, vor allem die Jagd sowie auch die Verteidigung gegen die Gefahren der Natur oder gegen Angriffe wilder Tiere und feindseliger Artgenossen nur gemeinsam möglich. Wie in den Gemeinschaften der Tierwelt, den Rudeln, Herden und Fischschwärmen, war im Interesse der Arterhaltung also auch bei den Menschen schon immer Führung notwendig, um die Beiträge der Einzelnen zu koordinieren und zu bündeln. Ohne Führung hätte der Mensch in der Evolution nicht überlebt.

Wem die Führungsrolle zufiel, hing im Laufe der Geschichte zunächst entscheidend davon ab, wer innerhalb der konkreten Gruppe dafür das im Vergleich größte körperliche, geistige und psychische Potential zur Geltung bringen konnte. Die mit der Aufgabe verbundene Macht und Anerkennung war der Anreiz, sich dieser Konkurrenz zu stellen. Für die Art und Weise, wie die oder der Betreffende diese Aufgabe dann wahrgenommen hat, gab es lange Zeit keinerlei ethischen Leitlinien oder theoretischen Konzepte; sie war ausschließlich das Ergebnis von individueller Intuition und Gruppendynamik.

Die ersten Empfehlungen für das Führungsverhalten, von denen man heute weiß, stammen aus dem 6. Jahrhundert vor Christus. Sie werden dem sagenumwobenen chinesischen Philosophen **Laotse** zugeschrieben und sind mit ihrem auch unter heutigem Blickwinkel bereits sehr modernen Inhalt wohl für viele Leser eine Überraschung.

> *„Wer gut zu führen weiß, ist nicht kriegerisch. Wer gut zu kämpfen weiß, ist nicht zornig. Wer gut die Feinde zu besiegen weiß, kämpft nicht mit ihnen. Wer gut die Menschen zu gebrauchen weiß, ist ihnen untertan. –* ***Der beste Führer*** *ist der, dessen Leute sagen, wenn er sie ans Ziel geführt hat: Wir selbst haben den Erfolg zustande gebracht."*

Andere, herausragende Persönlichkeiten der Geschichte, die sich zu Fragen der Führung geäußert haben, waren u. a. im 5. Jahrhundert nach Christus **Benedikt von Nursia** (480 – 547), der heilige Gründer und Abt des Benediktinerordens, der mit den von ihm verfassten „Regula Benedicti" als Urvater des christlichen Mönchtums angesehen werden kann, sowie **Mahatma Gandhi** (1869 – 1948), ein in London ausgebildeter indischer Rechtsanwalt und Publizist, der Indien als Politiker und Morallehrer in einem über drei Jahrzehnte andauernden aufopferungsvollen gewaltlosen Kampf aus der britischen Kolonialherrschaft geführt hat. Auch die Äußerungen dieser beiden bedeutenden Männer [1] haben über sämtliche Ereignisse und Wandlungen im Laufe der Geschichte hinweg bis heute nichts von ihrer richtungweisenden Geltung eingebüßt.

Die wissenschaftliche Auseinandersetzung mit der Thematik hat erst sehr spät eingesetzt. Die erste hier nennenswerte systematische Differenzierung stammt von dem bedeutenden deutschen Juristen, Soziologen und Nationalökonom **Max Weber** (1864 – 1920). Weber hat unter soziologischem Blickwinkel zwischen drei idealtypischen *„Formen der Herrschaft"* unterschieden, dem *„autokratischen" oder*

„patriarchalischen", dem *„charismatischen"* und dem *„bürokratischen"* Führungsstil. Während ersterer auf der Tradition patrimonialer Herrschaft beruht, werden die beiden anderen durch den Glauben der Geführten an die besonderen Fähigkeiten des Führers bzw. an seine ihm durch bestehende Regeln verliehene Legitimität begründet.

Der nächste Meilenstein in der wissenschaftlichen Aufarbeitung geht auf eine empirische Untersuchung in den Jahren 1937 und 1938 des bei der Machtergreifung der Nationalsozialisten 1933 in die USA emigrierten deutschen Sozialpsychologen **Kurt Levin**, einem der Begründer der modernen experimentellen Sozialpsychologie, zurück. Levin unterscheidet im Wesentlichen ebenfalls drei, seitdem allgemein als „klassisch" qualifizierte Führungsstile. Diese sind

– **der „autoritäre" Führungsstil**, der von einer klaren Trennung von Entscheidung und Kontrolle auf der Seite des Führers und der Ausführung auf Seiten der Geführten sowie großer Distanz zwischen beiden Seiten geprägt ist,

– **der „kooperative" oder „demokratische" Führungsstil**, der sich durch die Einbeziehung der Mitarbeiter in die Entscheidungsprozesse, die Delegation von Verantwortung und eine möglichst weitgehende Selbstkontrolle anstelle von Fremdkontrolle auszeichnet, sowie

– **der sog. „Laissez-faire" Führungsstil**. Hier unterliegen die Mitarbeiter sowohl in der Planung als auch in der Ausführung keinerlei Einschränkungen und eine evtl. Kontrolle wird nur durch die jeweilige Gruppe ausgeübt.

Seitdem haben sich Wissenschaftler verschiedener Fakultäten immer wieder mal mit den Fragen rund um das Führen von Mitarbeitern befasst. Dies hat zur Folge, dass inzwischen eine ganze Reihe von Veröffentlichungen zu diesem Thema mit unterschiedlichen Theorien und Definitionen vorliegen. Die wichtigsten davon sind in der folgenden Übersicht erfasst.

Führungsstile (Übersicht)

A. Geordnet nach Herrschaftsmodellen
(nach Max Weber / soziologischer Blickwinkel)
1) Autokratisch / patriarchalisch
2) Charismatisch
3) ***Bürokratisch***

B. Geordnet nach der subjektiven Haltung des Führenden
(nach Kurt Lewin / klassisch / psychologischer Blickwinkel)
1) Autoritär
2) ***Kooperativ / demokratisch***
3) Laissez-faire

C. Geordnet nach den Wirkkräften bei den Geführten
(modern / naturwissenschaftlicher Blickwinkel)
1) Transaktional
2) Transformational
3) ***Gehirnorientiert***

D. Sonstige
(u.a. situations- und funktionsbezogen / pragmatisch)
1) Delegativ
2) ***Situativ***
3) Agil
4) Gruppenbezogen (nach Horst-Joachim Rahn)
5) Richtungsbezogen

Die nach meinem Verständnis für ein zeitgemäßes Führungsverhalten in erster Linie **relevanten Führungsstile** sind in der Übersicht durch ***Kursivdruck*** besonders gekennzeichnet. [2] Den aufgeführten restlichen Führungstheorien liegen zwar auch weitgehend zutreffende Überlegungen zugrunde, die darin aufgegriffenen Aspekte sind jedoch entweder in der Lebensrealität unserer heutigen Arbeitswelt nicht mehr von praktischer Bedeutung oder, im Gegensatz dazu, im Kern lediglich Blüten eines modischen Trends bzw. werden von den markierten, systemisch umfassenderen Theorien, die meinen in diesem Buch formulierten Empfehlungen zugrunde liegen, mit umfasst. [3]

1.2 Die aktuelle Situation

Die Bestandsaufnahme muss nach dem historischen Blickwinkel selbstverständlich vor allem die aktuelle Situation in den Fabriken, Betrieben, Behörden und anderen Organisationen in Deutschland umfassen. Die Realität hier ist, was die Mitarbeiterführung betrifft, aber leider sehr ernüchternd und gibt allen Anlass, mit Nachdruck auf eine Veränderung der Verhältnisse hinzuwirken.

Viele von uns kennen im eigenen Gesichtskreis Menschen, die durch ihre Vorgesetzten enttäuscht, frustriert, oft auch seelisch verletzt und gedemütigt jede Motivation in ihrem Beruf und nicht selten darüber hinaus sogar ihre Gesundheit eingebüßt haben. Dies sind leider keine Einzelfälle! Seit Jahren berichten die Medien regelmäßig und gestützt auf seriöse wissenschaftliche Untersuchungen darüber, wie schlecht es um die Zufriedenheit und Gesundheit vieler Menschen an ihren Arbeitsplätzen in Deutschland bestellt ist – und dies trotz der in den letzten Jahren flächendeckend erheblichen Investitionen in das sog. „Betriebliche Gesundheitsmanagement". [4] Danach hat hier bereits etwa jeder fünfte Arbeitnehmer innerlich gekündigt und erledigt an seinem Arbeitsplatz nur noch das Nötigste. Als wichtigste Gründe dafür werden Unzulänglichkeiten im Führungsverhalten genannt. Laut diesen Berichten hat sich an dem traurigen Befund bis heute kaum etwas geändert. Ein Beleg dafür, dass diese negative Befindlichkeit einer großen Zahl von Arbeitnehmern in Deutschland bereits seit vielen Jahren andauert, ist auch der Erfolg des bereits im Jahr 1992 veröffentlichten Buchs des Wirtschaftsjournalisten Günter Ogger *„Nieten in Nadelstreifen - Deutschlands Manager im Zwielicht".* Mit fast 400.000 verkauften Exemplaren in nur einem Jahr hat es diese kritische Auseinandersetzung mit dem Verhalten von Führungskräften seinerzeit auf Anhieb auf den ersten Platz bei den Sachbüchern geschafft! [5]

Im Gegensatz dazu sind in einigen dafür maßgeblichen Bereichen der Wissenschaft gravierende Fortschritte zu verzeichnen. Diese hätten bei einer konsequenten Umsetzung der dabei erzielten Ergebnisse und grundlegenden Einsichten eine tiefgreifende Neuorientierung in der Praxis der Führung von Mitarbeitern bewirken können, ja müssen!

So wurden in den letzten 20 Jahren die modernen Labormethoden und bildgebenden Verfahren, insb. die funktionelle Magnetresonanztomographie (fMRT) so weiterentwickelt, dass es heute möglich ist, den Vorgängen im Gehirn in Echtzeit zuzusehen, ohne damit die Gesundheit des betreffenden Menschen zu beeinträchtigen. Mit den dadurch erschlossenen geradezu revolutionären wissenschaftlichen Erkenntnissen über die neurobiologischen Abläufe wurde auch ein vertieftes Verständnis von den Zusammenhängen zwischen dem Verhalten von Vorgesetzten und der Motivation, Leistung und Gesundheit des ihnen unterstellten Personals gewonnen. [6] Auf diese Weise sind nun die Defizite vieler herkömmlicher Führungsmethoden offenbar geworden. Weltweit anerkannte Wissenschaftler haben auf dieser Grundlage inzwischen weitgehend übereinstimmende, an den Wirkungszusammenhängen des menschlichen Gehirns orientierte Grundsätze für eine menschengerechte und im Sinne der Vorgesetzten erfolgreiche Arbeit von Führungskräften formuliert. Diese sind jedoch offensichtlich, wie die o. g. Studien zeigen, in den Betrieben und Behörden Deutschlands bislang noch nicht angekommen. [7]

Einiges von dem, was ich Führungskräften in Hinblick darauf für ihr Verhalten im Umgang mit Mitarbeitern im Folgenden empfehle, wird von Fachleuten eigentlich schon seit Jahren für richtig gehalten. So ist z. B. bereits länger bekannt, dass sich mitarbeiterorientiertes und partnerschaftliches Führen positiv auf Motivation und Wohlbefinden von Arbeitnehmern und damit auf deren Arbeitsergebnis auswirkt. Dementsprechend gibt es auch schon heute Vorgesetzte, die mit dem „kooperativen“ oder „demokratischen“ Führungsstil nach Kurt Levin oder neuerdings auch mit dem sog. „transformationalen“ Führungsstil eine veränderte Führungskultur praktizieren. [8] Dennoch werden die aktuellen Erkenntnisse der Neurowissenschaft, die diese Haltung bestätigen, in der Praxis unverändert noch kaum wahrgenommen, geschweige denn konsequent umgesetzt.

In Anbetracht dieses Widerspruchs stellt sich zwangsläufig die Frage nach den Gründen für eine derart gegenläufige Entwicklung. Eine eindeutige, wissenschaftlich fundierte Erklärung hierfür lässt sich nicht ausmachen. In diesem Punkt ist man daher bislang weitgehend noch auf Mutmaßungen angewiesen. – Ein Grund für diesen Gegensatz zwischen Zuwachs an wissenschaftlicher Erkenntnis und praktischer Umsetzung könnte sein, dass ein derart moderner, konsequent naturwissenschaftlich fundierter Führungsstil nur sehr schwer mit der eigenen Rollenerwartung vieler Führungskräfte und dem traditionell eher autoritär geprägten Führungsverständnis von Vorgesetzten zu vereinbaren ist. Liegt es doch nahe, dass jemand, der selbst über viele Jahre unter autoritären Chefs zu leiden hatte, dann, wenn er endlich selbst „das Sagen hat", gerne auch diese so „großartig" erlebte Rolle einnehmen möchte, zu der er lange Zeit hat aufschauen müssen. [9] Auch nach der Abschaffung der ständischen Ordnung in Europa durch die Aufklärung war mit der damit eröffneten Möglichkeit des individuellen Aufstiegs die hierarchische Ordnung ja nicht beseitigt. Dieses Organisationsprinzip hat danach mit der Industrialisierung und den Strukturen der großen Konzerne sogar eine Wiedergeburt erfahren. [10] Das dadurch geprägte und bis heute weit verbreitete traditionelle Rollenverständnis ist jedoch mit einem zeitgemäßen, der spezialisierten Arbeitswelt der Informationsgesellschaft angepassten Führungsverhalten kaum mehr vereinbar. [11]

Eine mögliche Erklärung für den bedauerlichen Rückstand bei der Umsetzung moderner Führungsgrundsätze ist auch, dass die negativen Folgen des überkommenen Führungsverhaltens für Krankenstand, Arbeitsproduktivität und Krankheitskosten bis heute noch nicht ins allgemeine Bewusstsein unserer Gesellschaft vorgedrungen sind und bislang oft auch noch nicht ohne weiteres belegt werden konnten.

Heute ist es nun aber möglich, aufzuzeigen, wie verheerend sich eine ausschließlich an Aufgaben und Unternehmensziel statt an den Mitarbeitern ausgerichtete Führung auf deren Leistungsbereitschaft und Gesundheit auswirkt. Von dieser Möglichkeit werde ich in Kapitel 4 eingehend Gebrauch machen, was jedem Leser die Chance eröffnet, die Fehler zu vermeiden, die viele andere Vorgesetzte leider immer noch begehen. Die damit offenkundigen, harten biochemischen und physiologischen Fakten der Labormedizin und Neurobiologie sind möglicherweise leichter zu akzeptieren als die von manchen auch heute noch als „weich" oder gar esoterisch abqualifizierten Thesen von Psychologen mit den daraus abgeleiteten Vorbehalten gegen die Erkenntnisse der modernen Psychologie. [12]

2

Das Ziel

Laotse, dem oben bereits erwähnten chinesischen Philosophen und Begründer des Taoismus im 6. Jahrhundert vor Christus, wird folgendes Zitat zugeschrieben:

„Nur wer ein Ziel hat, kann es auch erreichen."

Epiktet, ein griechischer Philosoph und einflussreicher Vertreter der Stoa in Rom, hat den gleichen Gedanken 700 Jahre später so formuliert:

„Nur wer sein Ziel kennt, findet seinen Weg."

Im Sinn dieser zeitlosen Wahrheit muss sich jede Führungskraft und alle, die sich auf den Weg machen, eine solche zu werden, zunächst selbst die Frage stellen, welches Ziel sie antreibt, überhaupt eine Führungsposition anzustreben bzw. die, die eine solche bereits inne haben, welches Ziel sie bisher verfolgt haben. Dabei ist es wichtig, sich klar zu machen, dass die Einzigen, die wir Menschen wirklich effektiv und verlässlich beeinflussen können, wir selbst sind. So hat schon einer der bedeutendsten Universalgelehrten der Geschichte, der griechische Philosoph und Naturforscher **Aristoteles** im vierten Jahrhundert vor Christus erklärt:

„Wenn Du die Welt verändern willst,
musst Du bei Dir selbst beginnen."

Der bedeutende britische Schriftsteller **Aldous Huxley** (1894 – 1963), ein herausragender Intellektueller seiner Zeit, hat diese Erkenntnis später sogar noch viel rigoroser so formuliert:

„Der einzige Ort im Universum, den wir
wirklich ändern können, sind wir selbst."

Dieser Erkenntnis entspricht auch die konkrete Lebenserfahrung all derer, die bei zwischenmenschlichen Problemen schon mal versucht haben, diese dadurch zu lösen, ihre Partner zu ändern, anstatt bei sich selbst anzusetzen. Solche Versuche enden in aller Regel im Bruch der Beziehung, wie man auch anhand der unzähligen an diesem Punkt gescheiterten Ehen nachvollziehen kann.

Wenn Sie mit der Lektüre dieses Buches die Erwartung verbinden sollten, dass darin Techniken vermittelt werden, Ihre Mitarbeiter zu beherrschen oder zu manipulieren, wenn Sie also das Ziel haben sollten, diese möglichst gut „nach Ihrer Pfeife tanzen" zu lassen und davon nicht ablassen wollen, kann ich nur raten, das Buch jetzt aus der Hand zu legen. Denn meine Empfehlungen werden Sie in dieser Erwartung ganz sicher enttäuschen. Dasselbe gilt dann, wenn Sie in der Vorstellung, dass ihre Mitarbeiter dann besser „spuren", von der Überzeugung geleitet sind, dass der effektivste Führungsstil einer ist, der Angst erzeugt. In beiden Fällen kann ich Ihnen garantieren, dass Ihnen auf diesem Weg auf Dauer kein Erfolg beschieden sein wird. — All denen, die dieses Buch nun aber nicht zur Seite legen und wissen wollen, weshalb ich diese rigorose Feststellung treffe, werde ich die Gründe hierfür in den folgenden Kapiteln eingehend darlegen.

Zunächst lassen Sie uns also nach dem **Ziel von Führung** Ausschau halten, das – im Gegensatz zu den beiden soeben skizzierten – Ihnen und Ihren Mitarbeitern gleichermaßen Zufriedenheit und damit langfristig allen Beteiligten Wohlergehen und Erfolg verspricht. Wie uns oben bereits Aristoteles mit auf den Weg gegeben hat, muss diese Zielbestimmung immer beim Führenden, also hier bei Ihnen selbst beginnen. Der Ausgangspunkt und die richtungweisende Grundlage für alle weiteren Überlegungen ist somit die **innere Haltung**, mit der die Führungskräfte an ihre Aufgabe herangehen. Die Situation gleicht der in der Musik: Wie ein Virtuose, der, bevor er vor sein Publikum tritt, für die richtige Stimmung seines Instruments Sorge tragen muss, entscheidet sich mit der inneren Haltung, mit der ein Vorgesetzter seinen Mitarbeitern begegnet, ob seine Führung ein harmonisches Miteinander oder eine alle Beteiligten quälende Dissonanz erzeugt.

Mit der inneren Haltung, die Sie gegenüber den Ihnen anvertrauten Menschen einnehmen, sind daher bereits im Ansatz die Weichen in Richtung Erfolg oder Misserfolg gestellt.

Die erste und zentrale Frage bei der inneren Haltung von Führungskräften ist, ob diese Ihren Mitarbeitern „von oben herab“ oder ehrlich zugewandt „auf Augenhöhe“ begegnen. Dabei reicht es auch nicht aus, diese Haltung mit Zweckverhalten nur gespielt einzunehmen, wie dies manche Vorgesetzte tun! Denn die Mitarbeiter werden in diesem Fall höchst wahrscheinlich intuitiv – man spricht hier heute insoweit auch von „emotionaler Intelligenz“ [13] – nicht die „gespielte“, also bewusst nach außen zur Schau gestellte verbindliche Haltung, sondern die überhebliche innere Einstellung wahrnehmen. Diese wird unbewusst durch nonverbale Signale in Habitus, Gestik und Mimik vermittelt, denn kaum jemand ist in der Lage, insb. seine unzähligen Gesichtsmuskeln so zu kontrollieren, dass die so ausgesandten widersprüchlichen Mikrosignale nicht bei den anderen ankommen. Die Authentizität der den Mitarbeitern zugewandten Haltung ist somit Voraussetzung dafür, dass sie ihre positive Wirkung entfalten kann. [14]

Wie wichtig es ist, als Führungskraft die innere Haltung gegenüber den Mitarbeitern ehrlich auf einen **Umgang auf Augenhöhe** auszurichten, wird Ihnen sicher sofort bewusst, wenn Sie Ihren eigenen Gefühlen nachgehen, die die Vorstellung auslöst, dass Ihnen andere, hier also Vorgesetzte (nur sehr wenige Menschen haben über sich nur mehr den blauen Himmel!) „von oben herab“ begegnen. Vielleicht haben Sie es ja auch schon mal erlebt. Ein derartiger, im wahrsten Sinne des Wortes „herabsetzender“ Umgang verletzt zwangsläufig das Selbstwertgefühl des Betroffenen und schließt damit aus, dass sich dieser mit seinem Gegenüber identifiziert und aus eigenem Antrieb dessen Ziele unterstützt. – Die positive Wirkung, die sich ergibt, wenn man Menschen auf Augenhöhe und nicht von oben herab begegnet, kann man im Gegensatz dazu sehr eindrucksvoll bereits in der Begegnung mit kleinen Kindern beobachten. Personen, die professionell mit Kindern umgehen, und intuitiv auch viele Eltern sind deshalb immer dann, wenn sie in eine ernsthafte Kommunikation mit kleinen Kindern eintreten wollen, darauf bedacht, „in die Hocke“ zu gehen, um so auf Augenhöhe eine gute Verbindung herzustellen.

Schon an diesen einfachen Beispielen wird deutlich, dass wir – entsprechend dem oben zitierten Lehrsatz von Aristoteles – immer dann, wenn wir Einfluss auf andere nehmen wollen, bei uns selbst beginnen müssen. [15]

Dies gilt auch für den zweiten wesentlichen Aspekt der inneren Haltung, der schon vorab über Erfolg oder Misserfolg einer Führungskraft entscheidet: Das Maß des eigenen Interesses und Engagements, oder noch besser die **Begeisterung für die gemeinsame Aufgabe**, die man selbst aufbringt und mit der man vorangeht. Denn wie kann man von seinen Mitarbeitern Motivation und Einsatz für eine Sache erwarten, die bei einem selbst erkennbar weder besonderes Interesse noch Einsatzbereitschaft auslöst und die man demzufolge nur halbherzig angeht?!

Wenn man sich über das Ziel von Führung klar werden will, ist es hilfreich, sich vor Augen zu führen, dass es keinerlei Handwerkszeug gibt, weder Hebel noch Transmissionsriemen oder andere technische oder sonstige Funktionen, mit denen man seine Vorstellungen und Wünsche auf andere Menschen übertragen oder unmittelbar so auf sie einwirken kann, dass sie aus eigenem Antrieb bereit sind, diesen zu folgen. Die einzige Möglichkeit dies zu erreichen, ist demnach – auf Augenhöhe – eine Verbindung zu ihnen herzustellen und sie über diese durch das eigene Verhalten und Vorbild für die Aufgaben, die zu erledigen sind, zu gewinnen. [16] Nur so können sie dann auf den gemeinsamen Weg zum angestrebten Erfolg mitgenommen werden.

Das Ziel von Führung ist, eine Verbindung zu den Mitarbeitern herzustellen und sie über diese für die gestellten Aufgaben zu gewinnen.

Die Konsequenz daraus ist, dass es das wichtigste Ziel einer jeden Führungskraft sein muss, sich selbst „gewinnend“ zu verhalten! Das Verhalten einer Führungskraft ist dann gewinnend, wenn es in seinem Kern grundsätzlich den oben dargelegten Wirkungszusammenhängen Rechnung trägt, die sich unter **ABC** wie folgt zusammenfassen lassen:

Das **ABC** für **gewinnendes Verhalten** von Vorgesetzten:

A – wie **A**ugenhöhe und **a**ngstfreie **A**tmosphäre, die sie herstellen

B – wie **B**eziehung zu den Mitarbeitern und **B**egeisterung für die Aufgabe

C – wie **C**opy (englisch für Muster) – das Vorbild, das sie geben

Den Blick auf dieses maßgebliche Ziel von Führung möchte ich mit einem drastischen **Vergleich aus der Welt des Sports** abschließen, mit einem Bild, mit dem nochmal das besondere Gewicht deutlich, ja evtl. sogar körperlich fühlbar wird, das der inneren Haltung für das Führungsverhalten zukommt. – Auf der einen Seite diese Bildes sehen Sie einen „coolen“ Champion auf der Kegelbahn, der seine Kugeln so einsetzt, dass die Kegel umfallen, so wie er es wünscht. Auf der anderen Seite steht der engagierte Trainer einer Mannschaft im Ballsport, der das gesamte unterstützende Personal des Vereins und alle Spieler so in seine Aktivitäten einbezieht, dass sich diese mit ihm, ihren Mitspielern und dem ganzen Team identifizieren und damit einen möglichen gemeinsamen Erfolg als eigenen anstreben und erleben können. [17]

3

Wissenschaftliche Grundlagen

Dieses Kapitel möchte ich, so wie ich das letzte abgeschlossen habe, mit einem zugegebenermaßen ebenfalls etwas provokanten Vergleich beginnen.

Wenn Sie sich ein neues Auto gekauft haben, werden Sie ganz sicher nicht erwarten, dass sich dieses künftig Ihren Wünschen und Ihrem Fahrstil anpasst. Vielmehr werden Sie selbst sich bei der Nutzung dieses Fahrzeugs auf dessen spezifischen Eigenschaften, insb. die Gewichtsklasse, Motorisierung und Ausstattung einstellen. Sie haben auch gar keine andere Wahl, wenn Sie nicht einen Schaden am Fahrzeug und damit auch für Sie selbst riskieren wollen. Nicht viel anders verhält es sich im Umgang mit Mitarbeitern. – Wenn Sie die Absicht haben, andere Menschen zu führen, sie also dazu bringen wollen, bestimmte Aufgaben Ihren Vorstellungen und Wünschen entsprechend auszuführen, kommen Sie nicht umhin, sich in gleicher Weise wie bei Kraftfahrzeugen auf die Eigenheiten dieser Menschen einzustellen. Dabei ist es sinnvoll, zunächst die Eigenheiten in den Blick zu nehmen, die von Natur aus im Grundsatz bei allen Menschen gleich sind.

3.1 Blickpunkt Gehirn

An diesem Punkt blicken wir auf unser Gehirn. Der erste und entscheidende Schritt ist, sich bewusst zu machen, dass alles, was uns Menschen im Kern ausmacht, was uns grundlegend von anderen Lebewesen unterscheidet und unser Verhalten maßgeblich bestimmt, nicht die äußere Gestalt, das Geschlecht, die Hautfarbe oder irgend eine andere von außen wahrnehmbare Eigenschaft ist, sondern nur unser Gehirn. [18] Überspitzt könnte man sagen, dass unser Körper, so sehr er uns auch am Herzen liegt, letztlich nur das „Fahrgestell" ist, auf dem wir uns durchs Leben bewegen.

Der Mensch

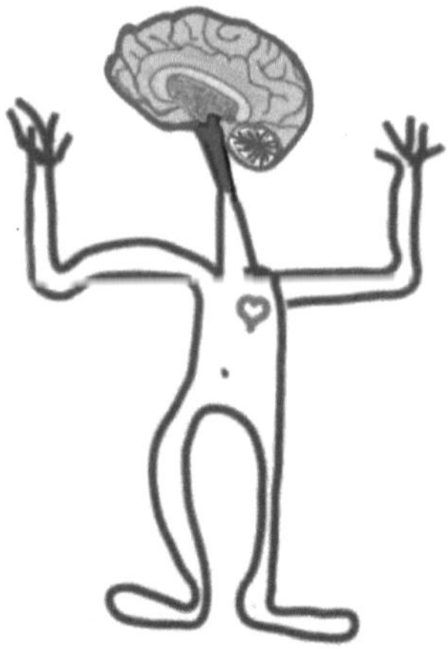

In Hinblick auf diese das Verhalten der Menschen bestimmende Funktion des Gehirns werde ich im Anschluss nun zu aller erst und relativ ausführlich auf **die neurobiologischen Grundlagen des menschlichen Verhaltens** eingehen. Denn – um noch einmal auf das obige Beispiel zurückzukommen – wie ein Rennfahrer nur Erfolg haben kann, wenn er den Antrieb seines Wagens, also die Eigenheiten von Motor, Getriebe und Bereifung genau kennt, kann auch eine Führungskraft nur dann Erfolg haben, wenn sie sich über die Zusammenhänge dessen, was uns Menschen (Vorgesetzte wie Mitarbeiter!) antreibt, im Klaren ist. **„Menschengerechte Führung“** ist im Kontext dieses Buches daher als **„gehirngerechte Führung“** zu verstehen.

Vorab einige **zentrale Daten zum Gehirn des Menschen:** Mit annähernd **100 Milliarden Zellen (Neuronen)** sowie deren ca. **100 Billionen Verbindungen (Synapsen)** ist es nach heutigen Erkenntnissen das wohl komplexeste Netzwerk des Universums. Im Wachzustand muss es **pro Sekunde mehr als 10 Millionen Impulse** (Nervenreize) verarbeiten, die ihm über die Nervenbahnen aus dem ganzen Körper zugeleitet werden. – Es liegt auf der Hand, dass ein derart komplexes System in einem Buch wie diesem in seinen Zusammenhängen nur stark vereinfacht wiedergegeben werden kann. [19]

Die meisten Menschen leben mit der festen Überzeugung, dass der Mensch ein Verstandeswesen ist, das von rationalen Erwägungen geleitet wird. Dies ist allerdings ein großer Irrtum! Denn **bis zu 90 % aller Entscheidungen des Menschen**, jedenfalls der ganz erheblich größere Teil, **werden weitgehend** durch unbewusste Abläufe, also Emotionen und Intuition, somit letztlich **durch Gefühle bestimmt**. Der rationale Verstand sichert diese Entscheidungen lediglich ab. [20]

Weshalb ist das so?

Die Antwort ergibt sich aus dem Aufbau, der funktionellen Struktur des menschlichen Gehirns.

Um das zu verstehen, müssen wir uns zunächst mit der **Entwicklungsgeschichte des Menschen** und hier besonders mit der seines Gehirns befassen.

Hier gilt die **Evolutionstheorie**, die ursprünglich von dem britischen Naturforscher **Charles Robert Darwin** (12.02.1809 – 19.04.1882) entwickelt wurde. Dessen Abstammungslehre, die inzwischen vielfach bestätigt und weiterentwickelt wurde, wird heute von keiner ernsthaften wissenschaftlichen Autorität mehr in Frage gestellt. [21] Auch die Skepsis früherer Generationen in der römisch-katholischen Kirche, die weitgehend noch den kreationistischen Vorstellungen des Alten Testaments verhaftet waren, ist inzwischen den eindeutigen wissenschaftlichen Erkenntnissen gewichen; so hat Papst Johannes Paul II. am 22. Oktober 1996 ausdrücklich die Vereinbarkeit der Evolutionstheorie mit dem christlichen Glauben bestätigt. [22]

Die Evolutionstheorie geht davon aus, dass seit der Entstehung des ersten Lebens auf der Erde **vor etwa 4 Milliarden Jahren** jedes Lebewesen danach trachten musste, sich und seine Art im Überlebenskampf in Anpassung an die Umweltbedingungen und in der

Konkurrenz mit anderen Lebewesen zu behaupten („fressen oder gefressen werden"). – In diesem kontinuierlichen kollektiven Entwicklungsprozess haben nur solche Individuen überlebt, die sich darin selbst besser als andere an veränderte Verhältnisse angepasst, gegen Risiken und Gefahren durchgesetzt und durch effektive Fortpflanzung und Vermehrung erfolgreich reproduziert haben. Das wohl prominenteste Beispiel eines Lebewesens, das sich dabei letztlich nicht behaupten konnte, ist der Dinosaurier. **Grundlage** für das Verständnis der in diesem Prozess stattfindenden Fortentwicklung ist die Erkenntnis, dass jedes Lebewesen im Zuge seines Daseins und seiner Fortpflanzung gewissen (z. T. auch rein zufälligen) genetischen Veränderungen („***Mutationen***") unterliegt. Wir alle können dieses Phänomen seit 2019 sehr nachdrücklich im Zusammenhang mit der Corona-Pandemie und den dabei immer wieder aufs Neue bedrohlich aufgetauchten Mutanten des ursächlichen Virus erleben. Bei uns Menschen geht man heute pro Generation (25 Jahre) von ca. 40 solchen Mutationen aus.

Auf dieser Grundlage gilt heute etwa folgende Zeitschiene:

vor ca. 500 Millionen Jahren	Entwicklung der Wirbeltiere
vor ca. 200 Millionen Jahren	Entwicklung der Säugetiere
vor ca. 20 Millionen Jahren	Entwicklung der Spezies der Affen
vor ca. 2 Millionen Jahren	Entstehung des „homo erectus"
vor mehr als 200.000 Jahren	Entstehung des „**homo sapiens**"
vor ca. 20.000 Jahren	Wiederbesiedlung Mitteleuropas durch Menschen nach der letzten Eiszeit
vor ca. 4.000 Jahren	Zeit Abrahams (Altes Testament)
vor ca. 2.000 Jahren	Christus
heute	Gegenwärtiger Status nach einer **Entwicklung von 4 Millionen x 1000 Jahren !**

Für die **Entwicklung des Gehirns** [23] ergibt sich daraus der folgende Prozess:

vor ca. 4 Milliarden Jahren	Entstehung streng genetisch programmierter, programmgesteuerter Gehirne
vor ca. 500 Millionen Jahren	Entstehung initial programmierbarer Gehirne; Entwicklung des Reptiliengehirns (Hirnstamm)
vor ca. 200 Millionen Jahren	Entwicklung des Säugerhirns (Zwischenhirn / Limbisches System [31])
vor ca. 20 Millionen Jahren	Entstehung langfristig programmierbarer Gehirne (Großhirn)
vor ca. 2 Millionen Jahren	**Beginn der Entwicklung des menschlichen Gehirns**
vor mehr als 200.000 Jahren	Entstehung eines zeitlebens frei programmierbaren Gehirns (sog. **Neuroplastizität**)
vor ca. 100.000 Jahren	genetische „Fertigstellung" des Menschengehirns (nach Verdreifachung des Volumens (insb. mit Neokortex [34])

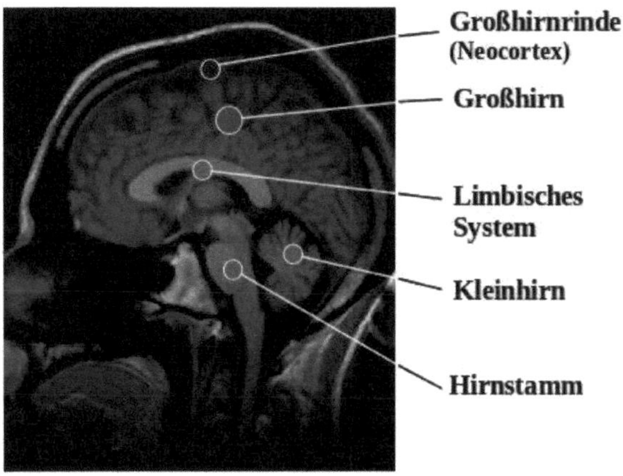

3.2 Die Grundbedürfnisse

Bei der Suche nach den Ursachen dafür, dass der Mensch in seinem Verhalten mehr von Gefühlen als von rationalen Erwägungen geleitet wird, ist zunächst der Frage nachzugehen, was ihn grundsätzlich, also losgelöst von einzelnen Situationen antreibt. Im vergleichenden Blick auf ein Kraftfahrzeug könnte man diese Frage auch so formulieren: **„Was ist der Motor, der uns Menschen bewegt?"**

Die Antwort ist heute wissenschaftlich im Kern wohl unstreitig und eindeutig geklärt sowie auch für den Laien ohne weiteres plausibel: Die treibende Kraft, der zentrale Antrieb für das Handeln eines jeden Lebewesens, damit auch des Menschen sind **seine Bedürfnisse**. Selbstverständlich sind sie bei jedem Menschen, abhängig von seiner individuellen Ausstattung durch die Natur, den Erfahrungen während seiner Entwicklung und den konkreten Lebensumständen, verschieden. Es gibt jedoch eine Reihe von Bedürfnissen, die alle Menschen, egal welcher ethnischen Gruppe sie angehören, in welcher Kultur sie aufgewachsen sind und welche konkreten Bedingungen ihre aktuelle Lebenssituation bestimmen, verbindet. Man spricht insoweit von den „Grundbedürfnissen".

Bei Sichtung der einschlägigen Literatur finden sich in erster Linie drei prominente Wissenschaftsvertreter, die sich intensiv mit dieser Thematik auseinandergesetzt und die dabei gewonnenen Ergebnisse veröffentlicht haben.

An – auch historisch – erster Stelle steht **Abraham Harold Maslow** (1908 – 1970). Der bedeutende US-amerikanische Psychologe – er gilt als Gründervater der Humanistischen Psychologie – hat die grundlegenden, bis heute im Kern unwidersprochenen Feststellungen zu den menschlichen Bedürfnissen getroffen und richtungweisende **Thesen zu den Grundbedürfnissen des Menschen** formuliert. Danach folgen alle Menschen in ihren Bedürfnissen grundsätzlich einer festen hierarchischen Ordnung der Dringlichkeit. Diese Hierarchie hat Maslow in einer **Bedürfnispyramide** dargestellt, die heute sozusagen zum *„kleinen Einmaleins"* der Psychologie gehört und ihn weit über die Grenzen der psychologischen Wissenschaften hinaus bekannt gemacht hat.[24]

Bedürfnispyramide nach Maslow

5. Selbstverwirklichung

4. Anerkennung und Wertschätzung

3. Sozialbedürfnis (Zugehörigkeit, Zuwendung)

2. Sicherheit (Gefahrenabwehr, Obdach, Orientierung, Ordnung)

1. Körperliche Grundbedürfnisse (Atmung, Nahrung, Schlafen, etc.)

Laut Maslow ist das Verhalten des Menschen konsequent danach ausgerichtet, die in der Pyramide erfassten Grundbedürfnisse zu befriedigen. Dabei kommen die Bedürfnisse der nächste Stufe der Pyramide in der Regel erst zur Geltung, wenn die der vorausgehenden im Wesentlichen erfüllt sind. Für die Bedürfnisse auf Stufe 4 und 5 gilt insoweit jedoch die Besonderheit, dass sie niemals vollkommen gesättigt sind! – Wichtig in diesem Zusammenhang ist, sich bewusst zu machen, dass diese **Bedürfnisse** keine rationalen Argumente sind, sondern **Emotionen** [25], also auch unbewusst auf uns einwirken und sich damit weitgehend unserer rationalen Kontrolle entziehen.

Nach Abraham Maslow haben in diesem Zusammenhang insb. zwei deutsche Wissenschaftler und Hochschullehrer von internationalem Rang besondere Anerkennung erlangt:

- der Psychotherapieforscher **Klaus Grawe** (Universität Zürich / 1943 – 2005) und

- der Neurobiologe **Gerald Hüther** (Universität Göttingen / * 1955)

Klaus Grawe hat sich vor allem durch die Entwicklung einer eigenständigen „psychologischen Psychotherapie“, bei der in Überwindung der Gegensätze tiefen- und verhaltenstherapeutische Wirkfaktoren zur Geltung kommen, Verdienste erworben. Im Zusammenhang mit der von ihm entwickelten „Konsistenztheorie“ [26] hat er die Frage nach den Bedürfnissen des Menschen sowohl unter psychotherapeutischen als auch neurowissenschaftlichen Aspekten untersucht.[27] Seine Beschreibung der psychologischen Grundbedürfnisse lautet:

“Unter psychischen Grundbedürfnissen verstehe ich Bedürfnisse, die bei allen Menschen vorhanden sind und deren Verletzung oder dauerhafte Nichtbefriedigung zu Schädigungen der psychischen Gesundheit und des Wohlbefindens führen.”

Als die insoweit maßgeblichen vier Grundbedürfnisse, von denen er auf der Grundlage neurobiologischer Untersuchungen annimmt, dass sie in Folge der evolutionären Entwicklung des Menschen tief im Gehirn verankert sind, benennt er

– Lustgewinn und Unlustvermeidung
– Orientierung und Kontrolle
– Bindung
– Selbstwerterhöhung und Selbstwertschutz.

Gerald Hüther, als Neurobiologe 1994 bis 2006 Gründer und Leiter einer Forschungsabteilung an der psychiatrischen Klinik in Göttingen und von 2004 bis 2016 Inhaber eines Lehrstuhl der dortigen Universität, hat lediglich zwei menschliche Grundbedürfnisse benannt und sich dazu wie folgt geäußert:

„Es sind immer diese beiden Grundbedürfnisse, die gestillt sein müssen. Auf der einen Seite dieses ***Bedürfnis nach Verbundenheit****. Und auf der anderen Seite das* ***Bedürfnis nach Wachstum und Autonomie****. Wenn beides gut ist, dann entwickelt sich ein Mensch. Und sonderbarer Weise ist er dann auch glücklich. Und sonderbarer Weise bleibt er auch gesund.“* [28]

Wenn man nun diese drei theoretischen Ansätze vergleicht, zeigt sich, dass sie zwar nach Anzahl der aufgeführten Bedürfnisse und in der Wortwahl voneinander abweichen, sich aber im Sinngehalt nur marginal unterscheiden – und dies trotz der zwischenzeitlich großen Fortschritte in der Gehirnforschung. Gerald Hüther lässt bei seinem Ansatz, anders als seine beiden Kollegen, zwar die elementaren körperlichen Bedürfnisse sowie das Streben nach Sicherheit bzw. Kontrolle außer Acht. Es liegt jedoch nahe, dass er diese Aspekte als selbstverständlich voraussetzt [29] und deshalb nur die beiden psychischen Grundbedürfnisse benennt. Die von Grawe wie die von Hüther geprägten Begriffe lassen sich ohne große inhaltliche Zugeständnisse den von Maslow für seine Bedürfnispyramide verwendeten zuordnen, wie sich an der nachfolgenden Graphik nachvollziehen lässt.

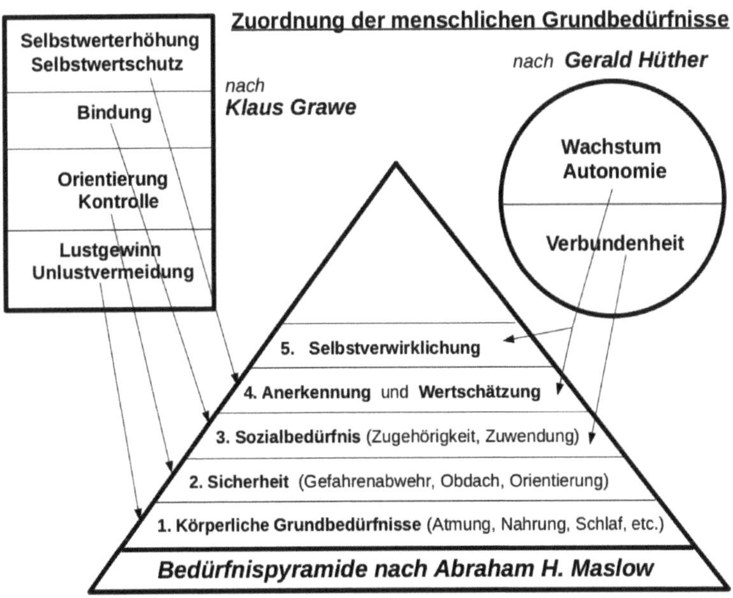

Somit besteht heute weitgehende Übereinstimmung und Gewissheit in Bezug auf die für die Motivation und Steuerung des menschlichen Verhaltens maßgeblichen Bedürfnisse. Im Interesse höchstmöglicher Klarheit und Verständlichkeit werde ich mich deshalb in meinen nun folgenden weiteren Ausführungen weitgehend auf die einprägsamen von A.H. Maslow verwendeten Begriffe beschränken und an der von ihm entwickelten hierarchischen Ordnung (seiner Bedürfnispyramide) anknüpfen. Zum besseren Verständnis der von den Grundbedürfnissen angestoßenen Vorgänge sei hier auch nochmal daran erinnert, dass es sich dabei nicht um rationale, also von Vernunft gesteuerte Impulse handelt, sondern um **Emotionen**. [25]

Die Grundlage aller weiteren Überlegungen ist und bleibt dabei, wie oben auf Seite 31 vorab bereits festgestellt, jedoch der Aufbau des Gehirns. Dieser sei hier deshalb – in Analogie zum Schichtenmodell vereinfacht (vgl. dazu die Anmerkung 19) – nochmal anschaulich ins Bild gesetzt.

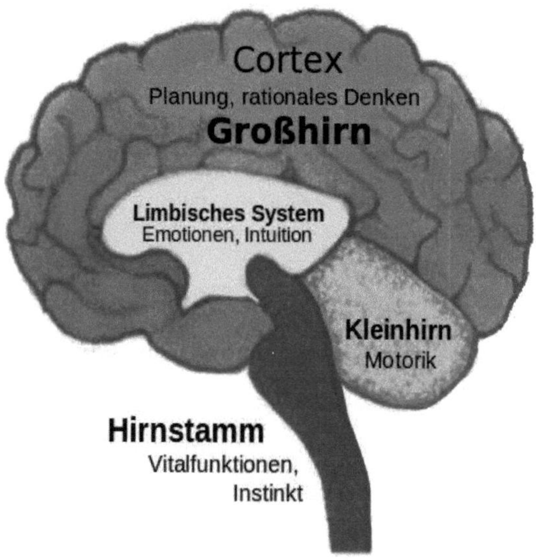

1. Körperliche Grundbedürfnisse (Atmung, Nahrung, Schlafen, etc.)

Schon **bei den körperlichen Grundbedürfnissen auf Stufe 1** ist die das Verhalten bestimmende Wirkung eine unmittelbare Folge des Gehirnaufbaus. Diese elementaren Bedürfnisse sind weitgehend im **Hirnstamm** verankert. Dessen Strukturen dienen vor allem der Erhaltung der biologischen Existenz, also der inneren Ordnung des Organismus und den vitalen Funktionen. Da sich diese Bedürfnisse und Funktionen im Wesentlichen bei allen Wirbeltieren gleichen, wird dieser Bereich oft auch als **Reptiliengehirn** bezeichnet. Folglich ist er bei allen Wirbeltieren ähnlich aufgebaut, hat sich über viele Millionen Jahre nicht mehr wesentlich verändert und ist demnach auch der älteste Teil des menschlichen Gehirns. Die Funktion ist genetisch festgelegt, also **streng programmgesteuert** und so – wie auch bei den Reptilien – einer willentlichen Steuerung und damit rationalen Erwägungen weitgehend entzogen.

Typische **Beispiele** hierfür sind die Atmung, die Regelung von Körpertemperatur, Herzschlag, Blutdruck und Stoffwechsel, das Bedürfnis zu schlafen (denken Sie an den sog. Sekundenschlaf am Steuer eines Autos!) sowie im Kern auch der Sexualtrieb. Konsequenter Weise ist es auch nur äußerst eingeschränkt möglich, psychotherapeutisch auf diese Bedürfnisse einzuwirken. [30]

3. Sozialbedürfnis (Zugehörigkeit, Zuwendung)

2. Sicherheit (Gefahrenabwehr, Obdach, Orientierung, Ordnung)

Auch **die Bedürfnisse nach Sicherheit, sozialer Bindung und Zuwendung** auf den **Stufen 2 und 3**, haben ihren Ursprung schon in der frühen Entwicklungsgeschichte des Menschen – im Kampf ums Überleben während der Evolution. Diese beiden Bedürfnisse sind in ihrem Kern deshalb in dem ebenfalls bereits relativ früh entwickelten **Limbischen System** [31] angelegt und dort ähnlich wie die körperlichen Grundbedürfnisse im Hirnstamm weitgehend einem rationalen Zugriff entzogen. – Ein Beispiel hierfür ist die Angst, mit der auch heute noch viele Menschen auf ihnen fremde Gegebenheiten reagieren. Diese Angst ist eine Warnfunktion, die unseren Vorfahren in der Frühzeit unter den gefahrvollen Bedingungen der sie umgebenden Natur (wilde Tiere!) das Überleben erst ermöglicht hat. Denn viele Herausforderungen und Gefahren, denen unsere frühen Artgenossen seinerzeit ausgesetzt waren, konnten nur bei spontaner, schneller Reaktion und im Kollektiv bewältigt werden. Ein Zögern bis zur vollen Klarheit über Ursprung und Ausmaß einer Gefahr wie auch das Zurücklassen oder der Ausschluss aus der Gruppe waren meist tödlich! [32] – Für uns heutige Menschen ergibt sich daraus allerdings die oft durchaus **problematische Konsequenz**, dass wir in unserem Alltag und Zusammenleben eine Wahrnehmung grundsätzlich ebenfalls schon bewerten, noch bevor wir sie komplett rational erfasst haben. [33]

Anders als die im Hirnstamm verankerten körperlichen Bedürfnisse hat sich das Bedürfnis nach Sicherheit sowie das nach Zugehörigkeit und Zuwendung im Limbischen System während der zurückliegenden Jahrtausende jedoch entsprechend der individuellen Bedürfnislagen der jeweiligen Lebewesen erheblich weiterentwickelt und ausdifferenziert. Bei einem hohen Entwicklungsstand des Großhirns – also vor allem beim Menschen – ist daher die Möglichkeit, die Wirkung dieser Bedürfnisse auf das Verhalten willentlich zu beeinflussen, obwohl grundsätzlich ebenfalls begrenzt, nicht völlig ausgeschlossen. Eine solche willentliche Einschränkung dieser Grundbedürfnisse setzt beim betreffenden Menschen allerdings die Bereitschaft und Fähigkeit zur

Selbstreflexion voraus, die es ihm erlaubt, seine durch das Bedürfnis ausgelösten Emotionen (insb. auch die Angst!) mit den im Großhirn (Neocortex [34]) verorteten rationalen Erwägungen zu regulieren und einzudämmen. – Auch für diese Zusammenhänge seien hier einige **Beispiele** genannt: So können etwa Ängste bei der Ausübung von Risikosportarten (Klettern, Drachenfliegen etc.) und im Zusammenhang mit anderen Gefahren (Stuntman!) abtrainiert oder Phobien, z.B. eine Spinnenphobie, die Angst vor Mäusen oder auch Höhenangst psychotherapeutisch behandelt werden. – Ein **Gegenbeispiel** ist das ausgeprägte Harmoniebedürfnis bzw. die in bestimmten Situationen auftretenden heftigen Trennungsängste von kleinen Kindern. Auch wenn es für derartige Reaktionen unter den konkreten Umständen objektiv nicht den geringsten Grund gibt, ist es ihnen i. d. R. nicht möglich, sie rational zu kontrollieren. Die vitale Abhängigkeit von den Eltern und das Fehlen bereits entwickelter kognitiver Einsichten und Erfahrungen schließen hier eine rationale Steuerung weitgehend aus.

5. Selbstverwirklichung

4. Anerkennung und Wertschätzung

Für die **Bedürfnisse nach Anerkennung, Wertschätzung und Selbstverwirklichung (Stufe 4 und 5)** gelten folgende Zusammenhänge: Je höher die Stufe ist, auf der die Bedürfnisse stehen, um so typischer sind sie für den Menschen und um so mehr befindet sich die neuronale Grundlage **im Bereich des Großhirns**, im Neocortex [34], in dem die rationalen Erkenntnisse und Erwägungen der Vernunft ihren Platz haben. Mit dem Maß der Leistungsfähigkeit des Verstandes, der Intelligenz und der Bereitschaft, diese zur Selbstreflexion zu nutzen, wächst deshalb auch die Möglichkeit, den Einfluss dieser Bedürfnisse (also von Emotionen!) auf das konkrete Verhalten einzuschränken. Diese Möglichkeit besteht sowohl durch Selbststeuerung als auch durch Psychotherapie. Allerdings wird diese rationale Kontrolle durch das extreme Beharrungsvermögen von Vorurteilen, das auf die sog. **„Kognitive Dissonanz“** [35] zurückgeht, stark behindert.

Zusammenfassend kann man auf die Frage, was die Menschen grundsätzlich in ihrem Handeln antreibt, somit **generell feststellen**:

Je später sich eine Region des Gehirns im Zuge der Evolution entwickelt hat, um so mehr besteht die Möglichkeit, die von dort ausgehenden Impulse, hier also die Bedürfnisse, willentlich auf der Grundlage rationaler Erwägungen des Verstandes zu kontrollieren bzw. zu beeinflussen. An diesem Punkt knüpft eine **spezifische Eigenschaft des Menschen** an, der ein maßgeblicher Anteil an seinen im Vergleich zu allen anderen Lebewesen herausragenden intellektuellen Fähigkeiten zukommt – **die zeitlebens andauernde Neuroplastizität.** – Unter Neuroplastizität versteht man die Eigenschaft von Nervenzellen, Synapsen und ganzen Hirnarealen, sich in Abhängigkeit von deren aktiven Verwendung und passiven Erfahrungen zu verändern. Sie eröffnet die Möglichkeit, lebenslang zu lernen bzw. Fähigkeiten und Verhalten an wechselnde Anforderungen der eigenen Tätigkeit sowie an positive und negative Erfahrungen anzupassen. [36] – Typische **Beispiele hierfür** sind die Perfektionierung von Sportlern, Artisten und Künstlern durch Training und Üben sowie von Menschen in ihrer jeweiligen beruflichen Tätigkeit durch Erfahrung, andererseits aber auch psychische Krankheiten durch Dauerstress, Demütigung und Traumatisierung bzw. ggf. ebenso deren Heilung durch Psychotherapien.

3.3 Bewertungen, Urteile, Entscheidungen

Aber nicht nur beim generellen Antrieb, den Grundbedürfnissen, sondern auch bei den einzelnen Bewertungen, Urteilen, Entscheidungen und Handlungen ist der Aufbau des Gehirns der Grund dafür, dass der Mensch mehr von seinen Gefühlen als von Erwägungen der Vernunft geleitet ist. Denn alle dem Gehirn über die Nervenbahnen zugeleiteten Sinnesreize müssen auf dem Weg zur Großhirnrinde (Neocortex) zunächst den Hirnstamm und dann das **Limbische System** passieren, das weit **überwiegend für Emotionen, Gedächtnis und Intuition zuständig** ist [31]. Trotz seines relativ geringen Umfangs ist im Limbischen System im Vergleich zum Neocortex ein Vielfaches an Informationen verarbeitet, ohne dass diese dem Betreffenden überhaupt bewusst werden. [37] Wegen seiner geringeren Ausmaße und der zentralen Lage hat das Limbische System andererseits jedoch einen erheblich geringeren Bedarf an Energie als die weiter entfernten und großflächig verteilten Strukturen des Großhirns, in denen u.a. die intellektuellen Funktionen ihren Platz haben. Dies hat zur Folge, dass alle Sinnesreize auf dem Weg zur Großhirnrinde mit den Emotionen aufgeladen, sozusagen „geimpft" werden, die im Zusammenhang mit früheren Erfahrungen im Limbischen System gespeichert sind. Dieser Prozess lässt sich bildhaft auch mit einem Wanderer vergleichen, der auf seinem Weg zum Ziel einen Rucksack mit Aufträgen übernimmt. Diese „Empfehlungen" des Limbischen Systems werden von den für das rationale Denken zuständigen Strukturen des Neocortex regelmäßig auch umgesetzt, jedoch mit einer „vernünftigen" Begründung versehen, so dass es den betreffenden Menschen gar nicht bewusst wird, dass sie emotional (also gelenkt durch ihre Gefühle) und nicht streng rational mit ihrem Verstand entschieden haben. [38]

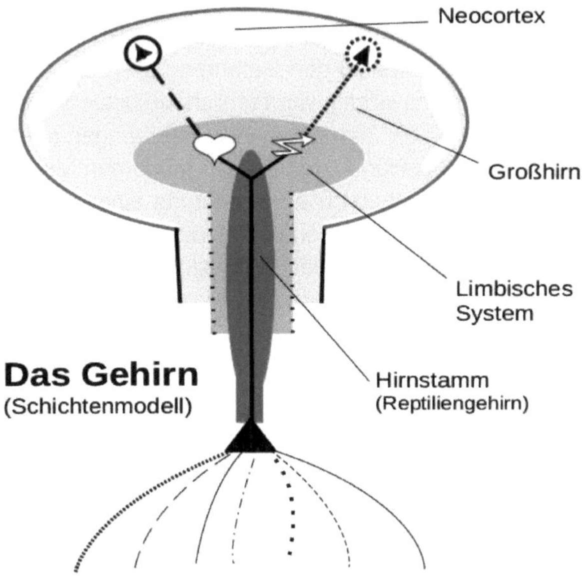

Die dem Gehirn über die Nervenbahnen aus dem Körper, insb. von den Sinnesorganen zugeleiteten Impulse und Informationen

Die dargestellte **„Vorprüfung" unseres gesamten Verhaltens im Limbischen System** anhand der dort in großer Zahl gespeicherten, weitestgehend unbewussten (!) Erinnerungen und Erfahrungen setzt voraus, dass dort Speicherplatz für das Gedächtnis vorhanden ist. Die u. a. für das Gedächtnis zuständigen Bereiche des Limbischen Systems sind insb. die Amygdala, der Hippocampus und der Corpus mamillare. Das Besondere dabei ist jedoch, dass die Erinnerungen dort eben kaum in ihrem rationalen, sachlichen, sondern vor allem in ihrem emotionalen Gehalt gespeichert sind.

Diese Strukturen haben sich im Laufe der Evolution so entwickelt, um dem Menschen, wie oben dargelegt, das Überleben zu sichern. Ihre Funktion ist es, in Verbindung mit den im Reptiliengehirn verankerten genetischen Schutzprogrammen anhand der abgespeicherten Erfahrungen ständig eine automatische Prüfung und Bewertung der aktuellen Gegebenheiten auf potentielle Gefahren vorzunehmen, um den jeweiligen Menschen ggf. zu warnen und ihm so die Möglichkeit zu geben, Schaden von sich abzuwenden, etwa sich rechtzeitig zu verbergen, zu flüchten oder auf einen Kampf einzustellen. Was damit also für den frühen, ständig den Gefahren der Wildnis ausgesetzten Menschen überlebenswichtig war, nämlich die aktuelle Situation stets und in möglichst kurzer Zeit an eigenen Erfahrungen und Vorurteilen zu messen und zu bewerten, hat für den modernen Menschen in der heutigen Zivilisation erheblich an Bedeutung eingebüßt. Die physiologischen Strukturen und neuronalen Abläufe und somit auch die Wirkung von Vorurteilen sowie der sie bestimmenden Emotionen sind jedoch geblieben. – Auch hierzu einige **Beispiele,** die den meisten Menschen vertraut und deshalb geeignet sein dürften, dieses komplexe System besser verständlich zu machen: Denn wer kennt nicht das Unbehagen, das einen überkommt, wenn man nachts auf einer einsamen fremden Straße oder einem dunklen Waldweg unterwegs ist, und dies, obwohl es in unseren Zonen objektiv wohl kaum einen weniger gefährlichen Bereich gibt, als einen nächtlichen Waldweg! Oder denken wir an die Angst, die viele Frauen erleben, die nachts auf einer einsamen Straße einem fremden Mann begegnen, völlig unabhängig davon, ob es sich lediglich um einen späten Spaziergänger oder wirklich einen „Unhold" handelt. – Viele dürften auch schon die Erfahrung gemacht haben, dass man fremden Personen zunächst mit gewissen Vorbehalten begegnet, wenn sie Merkmale (Aussehen, Namen, Sprache etc.) aufweisen, die man „im Kopf“ mit anderen Menschen verbindet, mit denen eigene oder durch die Medien vermittelte negative Bilder oder Erfahrungen verknüpft sind. [39]

3.4 Gefühle haben Vorrang

Der dritte wichtige Grund dafür, weshalb in erster Linie Gefühle und nicht der Verstand das Verhalten des Menschen bestimmen, ist **die extrem große Zahl von Nervenreizen, die gleichzeitig auf das Gehirn einwirken.** – Wie oben (Seite 30) bereits ausgeführt kommen beim Gehirn im Wachzustand über die Nervenbahnen pro Sekunde bis zu 11 Millionen Impulse an. Dies entspricht einem Gesamtinput von etwa 100 Megabyte! [40] Von diesen Nervenreizen kann es aber jeweils nur eine im Vergleich verschwindend kleine Zahl so verarbeiten, dass sie bis ins Bewusstsein vordringen. Dies hat zur Folge, dass wir die mit den restlichen mehr als 10 Millionen Signalen vermittelten Informationen weder wahrnehmen noch im Gedächtnis abspeichern.[41] Wir alle haben konkrete Erfahrungen, die auf diese Tatsache zurückzuführen sind, so wenn wir bei mehreren gleichzeitigen Verletzungen zunächst nur diese wahrnehmen, die mit den stärksten Schmerzen verbunden ist, oder wenn wir nicht hören, was in unserer Umgebung gerade gesprochen wird, weil wir uns konzentriert mit etwas anderem beschäftigen. – In Anbetracht dieser extremen Diskrepanz zwischen dem, was tatsächlich geschieht und dem, was wir davon jeweils wahrnehmen, stellt sich zwangsläufig die Frage, nach welchen Kriterien diese Auswahl im Gehirn getroffen wird. Die Antwort auf diese Frage hat wegen der auf Seite 42 bereits angesprochenen Neuroplastizität elementare Bedeutung. Denn nur diese kleine Auswahl entscheidet darüber, wie sich das Gehirn und damit der Mensch selbst in all dem, was ihn ausmacht, unter dem Eindruck des Erlebten bewusst verändert und weiterentwickelt. Diese Antwort ist demnach in ihren Folgen im wahrsten Sinne des Wortes wirklich ***gravierend*** ! Sie lautet:

Die Chance, dass Sinnesreize wahrgenommen und abgespeichert werden, wächst mit dem Maß an Emotionen, mit denen sie verbunden sind.

Von den dem Gehirn über die Nervenbahnen zugeleiteten Informationen werden also bevorzugt die wahrgenommen und im Limbischen System sowie evtl. auch in der Großhirnrinde verankert, die mit Emotionen verbunden sind. [42] Solche Emotionen werden u. a. auch durch Neugier und Freude ausgelöst. [43] Dies hat zur Folge, dass all das, was mit echtem Interesse und mit Begeisterung geschieht, auch eine nachhaltige positive Weiterentwicklung des Verhaltens und sogar der Persönlichkeit des Betreffenden bewirken kann. [44] Entsprechendes gilt jedoch leider auch auf der anderen, negativen Seite! Die höchst unerfreuliche Konsequenz ist, dass auch Erfahrungen, die mit aversiven Gefühlen, also insb. mit Ausgrenzung, Demütigung und Kränkung verknüpft sind, eine bleibende negative Wirkung entfalten. Besonders gravierend sind solche – positiven wie negativen – Prägungen dann, wenn sie in der Kindheit oder Adoleszenz stattfinden. Der Grund hierfür ist, dass in der Zeit bis zur Pubertät die Strukturen des Gehirns genetisch noch gezielt auf „das Lernen" ausgerichtet sind bzw. der für die rationale Steuerung der emotionalen Impulse zuständige Bereich des Stirnhirns (PFC) [34] erst nach etwa zwanzig Jahren seine volle Reife erreicht. [45] Am aller nachhaltigsten ist die Wirkung derartiger „Lernprozesse", die im Ansatz sogar bereits im Mutterleib beginnen, in den ersten drei Lebensjahren; denn in dieser Phase werden sie nur im Limbischen System und ausschließlich mit ihrem emotionalen Gehalt abgespeichert, sind deshalb später grundsätzlich nicht mehr bewusst erinnerlich und somit im Erwachsenenalter einem rationalen Zugang weitgehend entzogen. [46]

3.5 Die Spiegelneuronen

Schließlich sind als weitere wichtige Auslöser von nicht rational gesteuertem menschlichen Verhalten auch noch die Spiegelneuronen zu nennen. Dies sind **besondere Nervenzellen im Gehirn** von Primaten [47], die während der Beobachtung eines Vorgangs oder einer Handlung bei einem Artgenossen ein Aktivitätsmuster zeigen, das exakt dem entspricht, das entstehen würde, wenn der Beobachter selbst betroffen wäre bzw. gehandelt hätte. Sogar andere Sinneseindrücke, wie Geräusche oder Gerüche, die durch vorausgehende Erfahrungen mit einem bestimmten Vorgang verknüpft sind, können bei Spiegelneuronen die gleichen Aktivitätsmuster verursachen wie die entsprechenden tatsächlichen Vorgänge. In der Wissenschaft geht man heute überwiegend davon aus, dass die Spiegelneuronen nicht nur an sozialen Lernprozessen, sondern maßgeblich auch an anderen Vorgängen, wie insb. der Imitation und Empathie (Mitgefühl) beteiligt sind. [48] Dies bedeutet, dass ein Verhalten von anderen Menschen im sozialen Umfeld, das man beobachtet (sowohl positive als auch negative Vorbilder!), vielfach unbewusst imitiert und übernommen wird und somit als Modell Einfluss auf das eigene Verhalten ausübt. In gleicher Weise kann dies auch für solche Modelle gelten, die uns über die Medien vermittelt werden.

Uns allen wohl vertraute, alltägliche **Beispiele** für dieses Phänomen sind, dass wir selbst gähnen müssen, wenn wir jemandem gegenüber sitzen, der gerade gähnt, oder dass es uns ein Lächeln ins Gesicht zaubert, wenn uns jemand anlächelt. Vielleicht haben Sie es auch schon mal beobachtet, dass Mütter beim Füttern ihres Kleinkindes ihren eigenen Mund öffnen, so als ob sie sich selbst den Brei einverleiben wollten, und dadurch bei dem Sprössling, der zuvor nicht essen wollte, erreichen, ihm den Löffel in den „Schnabel" schieben zu können. Schließlich, um die Wirkung der Spiegelneuronen an sich selbst zu testen: Hand aufs Herz – wie lange werden Sie sich auf einem freien Autobahnstück an eine bestehende Geschwindigkeitsbegrenzung halten, wenn Sie dort von einem Verkehrsteilnehmer nach dem andern mit erheblich höherem Tempo überholt werden? Dieses Beispiel lässt sich ohne weiteres auch auf andere Disziplinlosigkeiten übertragen, wenn diese nicht vorhersehbar mit negativen Konsequenzen einhergehen. Andererseits gilt Entsprechendes selbstverständlich auch für jedes positive vorbildliche Verhalten, vor allem dann, wenn es erkennbar positive Reaktionen des sozialen Umfelds nach sich zieht. In einer Studie der Max-Planck-Gesellschaft (MPG) in Leipzig aus dem Jahr 2014 wurde nachgewiesen, dass sich sogar die physiologische Wirkung von Stress eines Menschen auf dessen Mitmenschen überträgt, wenn diese ihn in der Situation beobachten, die den Stress auslöst. [49] Auch dies kann als eigene Erfahrung sehr leicht nachvollzogen werden, wenn man sich vor Augen hält, wie Menschen in der Regel auf entsprechende Szenen in Action- oder Kriminalfilmen reagieren.

4

Generelle Konsequenzen

Die zentrale Konsequenz aus den dargelegten neurobiologischen Erkenntnissen **für die Führung von Mitarbeitern** versteht sich damit fast schon von selbst: Wenn der Mensch in seinem Denken und Handeln so durchgreifend von Anlagen und Erinnerungen aus den unbewussten Tiefen seines Gehirns gelenkt wird, wenn er also vor allem von instinktiven Reflexen, Intuition und Emotionen und weniger von rationalen Erwägungen bestimmt wird, muss auch jeder, der andere Menschen für sich und ein gewünschtes Verhalten gewinnen möchte, an diesen unbewussten Schaltstellen von deren Gehirn ansetzen. In Anbetracht dieser Zusammenhänge konnte es nur eine Frage der Zeit sein, wann Stimmen laut würden, diese Erkenntnisse dazu zu nutzen, auch die Führung von Mitarbeitern auf den Stand aktueller Wissenschaft und so auf den der heutigen Zeit zu bringen.

Zunächst war es **David Rock**, ein US-amerikanischer Unternehmensberater, der gemeinsam mit dem Neurowissenschaftler **Jeffrey Schwartz** im Jahr 2006 unter dem Titel „The neuroscience of leadership“ in „Strategy+Business“ einen Artikel publiziert hat, um unter dem Begriff „**Neuroleadership**“ mit sechs Thesen einen neuen, an den natürlichen, vor allem physiologischen Gegebenheiten des menschlichen Gehirns anknüpfenden Führungsansatz zu formulieren. Zur Umsetzung dieses Ansatzes hat er dann 2008 sein sog. „**SCARF-Modell**“ entwickelt, dessen Namen von den Anfangsbuchstaben der Begriffe „**S**tatus“, „**C**ertainty“ (Gewissheit), „**A**utonomy“, „**R**elatedness“ (Zugehörigkeit) und „**F**airness“ abgeleitet ist. Mit diesen Begriffen sind die Grundbedürfnisse der Mitarbeiter benannt, die von Vorgesetzten beachtet werden sollten. [50]

Die ersten deutschsprachigen Publikationen hierzu erschienen 2009 zunächst von **Christian E. Elger** [51], einem Neurologen und Hochschullehrer in Bonn, und dann 2011 von den Wirtschaftswissenschaftlern und Hochschullehrern an der Hochschule Bonn-Rhein-Sieg **Theo Peters** und **Argang Ghadiri** [52]. Letztere beziehen sich dabei weitgehend auf die Konsistenztheorie von Klaus Grawe (s. o. S. 35 f. [26]).

Als vorerst Letzter hat 2014 **Rüdiger Reinhardt**, Professor für Wirtschaftspsychologie an der Hochschule für Wirtschaft und Umwelt Nürtingen-Geislingen, umfassende wissenschaftliche Arbeiten zu diesem Thema verfasst. [53]

Gerald Hüther hat, anknüpfend an den beiden von ihm selbst benannten menschlichen Grundbedürfnissen (s. o. S. 36) unter dem Begriff „**supportive leadership**" im Jahr 2009 ebenfalls Regeln für Führungskräfte definiert, wonach in einem Unternehmen auf die neurowissenschaftlich begründbaren Grundbedürfnisse der Mitarbeiter eingegangen werden soll, um bei ihnen eine hohe Motivation und mit dieser ein gutes Arbeitsergebnis zu bewirken. [54]

Schließlich wurde von **Denis Mourlane**, einem Psychologischen Psychotherapeuten sowie Gründer und Geschäftsführer einer von Deutschland aus international tätigen Unternehmensberatung, 2015 unter dem Titel *„**emotional leading** – Die Kunst, sich und andere richtig zu führen"* ein Buch veröffentlicht, in dem er sich mit seinem darin beschriebenen Führungsmodell wie zuvor schon Peters & Ghadiri auf die von Klaus Grawe in seiner Konsistenztheorie definierten, im Gehirn angelegten elementaren menschlichen Bedürfnisse bezieht. [55]

Den Überlegungen all dieser Autoren ist demnach eines gemeinsam:

Führung muss immer an den neurobiologischen Bedingungen der Geführten, also an deren Emotionen und vor allem an deren Grundbedürfnissen ansetzen, um langfristig erfolgreich zu sein.

Mithin ist das gesamte Führungsverhalten an dieser Erkenntnis auszurichten, wenn es den erwünschten Erfolg haben soll!

Bei einer so auf die neurobiologischen Gegebenheiten der Menschen ausgerichteten, damit also „menschengerechten“ Führung kommen **im Wesentlichen zwei Aspekte** zum Tragen.

– Die **negative Wirkung** von Stress auf die Produktivität von Mitarbeitern sowie die durch dauerhaften Stress bedingten biochemischen Veränderungen im Gehirn und die daraus folgenden Erkrankungen

sowie

– Die **positive Wirkung** auf die Motivation, Leistung und Gesundheit der Mitarbeiter, die eintritt, wenn die Vorgesetzten deren Grundbedürfnisse berücksichtigen.

4.1 Die negative Wirkung von Stress

Vorab sei ein weit verbreitetes Missverständnis ausgeräumt, das oft mit der Verwendung des Begriffs „Stress“ verbunden ist. – Stress ist richtig verstanden nicht unbedingt negativ. Sowohl in dem vom lateinischen Ursprung „stringere“ abgeleiteten Sinn als auch im Englischen bedeutet Stress vielmehr zunächst lediglich so viel wie Anspannung und steht nach Hans Selye, dem „Vater der Stressforschung“ [56], für jede „Reaktion des Körpers auf eine Anforderung“. In diesem Sinn sind die Wirkungen von Stress auf die Motivation und Leistung des Menschen in der Regel somit durchaus positiv. In dieser positiven Bedeutung spricht man in der Wissenschaft heute von „Eustress“. Die negative, d.h. leistungshemmende, belastende und vielfach sogar überaus gesundheitsschädigende Form wird dagegen als „Distress“ bezeichnet. [57]

Positiver Stress (Eustress) entsteht immer dann, wenn Menschen an sie gestellte Anforderungen subjektiv als eine Herausforderung erleben, von der sie selbst annehmen, sie bewältigen zu können. Die Konsequenz für das Führungsverhalten sollte sein, Mitarbeitern nach Möglichkeit solche Aufgaben zu übertragen, die über reine Routine hinausgehen, sie aber nicht überfordern. Dies bietet ihnen Aussicht auf Erfahrungen positiver Selbstwirksamkeit sowie ggf. auch auf die Anerkennung von Kollegen und Vorgesetzten und wirkt sich deshalb positiv auf ihre Motivation und Leistung aus. [58]

Das Problem ist jedoch, dass viele Vorgesetzte weit über die Grenzen einer solchen positiven Stimulanz hinaus der Vorstellung folgen, dass es Einsatz und Leistung von Mitarbeitern steigert, wenn sie Angst haben müssen, die Anerkennung und ihren Status im Betrieb oder am Ende sogar den Arbeitsplatz zu verlieren. Diese Vorstellung ist jedoch inzwischen durch mehrere internationale Studien eindeutig widerlegt. Es ist genau umgekehrt! [59] Denn der durch den erhöhten Druck und die Angst am Arbeitsplatz erzeugte Distress aktiviert das Schmerzzentrum im Gehirn, um den Betroffenen entsprechend dem im Verlauf der Evolution entwickelten Muster körperlich zum Kampf oder zur Flucht zu ertüchtigen. Die Fähigkeit zur Lösung komplexer Probleme, insb. Kreativität und emotionales Gleichgewicht, werden dadurch aber erheblich eingeschränkt, was sich dann negativ auf die Produktivität am Arbeitsplatz sowie letztlich auch auf die Gesundheit auswirkt. [60] Anders als beim positiven Eustress, der durch eine konkrete Herausforderung ausgelöst wird und nach deren Bewältigung wieder in eine Entspannungsphase übergeht, liegen diesen negativen Wirkungen zugrunde, dass es sich hier um einen völlig unproduktiven und somit sinnlosen sowie – und das ist besonders wichtig – anhaltenden Disstress handelt, der dauerhaft auf die betroffenen Mitarbeiter einwirkt, ohne dass sie sich dem in absehbarer Zeit entziehen könnten. Es ist inzwischen statistisch belegt und allgemein anerkannt, dass stressbedingte Beeinträchtigungen der Gesundheit, vor allem solche, die eine starke psychische Symptomatik aufweisen, wie Schlafstörungen, Depression, das sogenannte „Burnout" oder Angsterkrankungen, dramatisch zunehmen. [61] Die Europäische Agentur für Sicherheit und Gesundheitsschutz am Arbeitsplatz nimmt auf der Grundlage einschlägiger wissenschaftlicher Studien an, dass bis zu 60 % aller Fehlzeiten in den Unternehmen durch beruflichen Stress verursacht werden. [62]

In der Wissenschaft werden hierfür folgende Zusammenhänge beschrieben: [63]

– An erster Stelle ist die Wirkung von anhaltendem Stress auf das **Immunsystem** zu nennen. – Bei Stress wird durch die Nebennieren neben Adrenalin und Noradrenalin, körpereigenen Botenstoffen, die insb. eine Steigerung der Herzleistung und des Blutdrucks und damit der Sauerstoffversorgung des Organismus bewirken, vor allem auch

Cortisol ausgeschüttet. Dies hat u. a. zur Folge, dass neben einigen regelmäßigen Körperfunktionen wie etwa der Verdauung auch das Immunsystem heruntergefahren wird, um alle verfügbaren Energien für einen Kampf oder die Flucht zur Verfügung zu halten. Kommt es daraufhin jedoch nicht zu einer diese Energien aufzehrenden körperlichen Aktion oder grundlegenden Entspannung, bleibt der erhöhte Spiegel dieser Stresshormone erhalten und aufgrund dessen das Immunsystem weiter auf niedrigem Niveau, was dann Infektionen und Entzündungen begünstigt. Sogar ein erhöhtes Krebsrisiko wird diskutiert. [64] Die durch chronischen Stress anhaltend erhöhte Cortisolproduktion kann schließlich auch noch zu einer Überlastung der Nebennieren führen, die ggf., abgesehen von dem erhöhten Risiko durch Infektionskrankheiten, u. a. jedenfalls auch eine chronische Müdigkeit und Einbußen der Leistungsfähigkeit zur Folge hat. [65]

– Eine weitere, auch im Bewusstsein der breiten Öffentlichkeit typische negative Wirkung von Stress ist ein **gestörter Schlaf**. Ein- und Durchschlafstörungen werden somit oft, und das zu Recht, auf eine anhaltende Stressbelastung zurückgeführt. Der Zusammenhang liegt auf der Hand: Durch die ausgeschütteten Stresshormone Adrenalin, Noradrenalin und Cortisol befindet sich der Organismus anhaltend und auch noch zu später Stunde in Alarmbereitschaft, wenn in der Zwischenzeit kein Abbau durch angemessene Entspannungsphasen stattgefunden hat. Dies schließt einen ungestörten und erholsamen Schlaf weitgehend aus und eröffnet so einen Teufelskreis. Denn in Folge des dadurch verursachten Schlafdefizits nimmt die Fähigkeit zu Konzentration und Leistung während des Tages weiter ab, was mit einem anhaltenden Gefühl der Überforderung dauerhaft sogar noch zusätzlichen Stress erzeugt.

– Geradezu sprichwörtlich ist, dass Stress auf den **Magen** schlägt. Denn die Stresshormone beeinflussen auch das vegetative Nervensystem, das u.a. die Verdauung regelt. Der Körper produziert dann mehr Magensäure, was außer Sodbrennen auch Gastritis und Magengeschwüre zur Folge haben kann. Weil unter Stress die Verdauungsprozesse hinter anderen Vorgängen im Körper zurücktreten müssen, werden außerdem chronische **Verdauungsbeschwerden** wie Verstopfung oder Durchfall begünstigt. [66]

– Dauerstress kann auch eine Erkrankung an **Diabetes Typ II** auslösen. Denn neben dem überhöhten Cortisolspiegel hat anhaltender Stress auch eine Disbalance von Neurotransmittern (das sind chemische Botenstoffe, die die Weiterleitung von Signalen zwischen den Nervenzellen im Gehirn sicherstellen und auf diese Weise entweder anregend oder entspannend wirken) zur Folge. [67]

– Ein überhöhter Cortisolspiegel verändert auch den Fettstoffwechsel, was die Einlagerung von Fett und damit ebenfalls die Entstehung von Diabetes Typ II begünstigt. Ein Ungleichgewicht bei den Neurotransmittern kann außerdem Heißhungerattacken, eine Hemmung des Sättigungsgefühls, die Senkung des Testosteronspiegels sowie eine erhöhte Einlagerung von Wasser im Gewebe und somit u. a. auch eine erhebliche **Gewichtszunahme** bewirken. Die negativen gesundheitlichen Folgen von Übergewicht sind hinlänglich bekannt; die damit oft verbundenen gravierenden seelischen Belastungen und deren Folgen können ihrerseits dann sogar noch zusätzlichen Stress auslösen!

– Es versteht sich von selbst, dass neben dem gestörten Fettstoffwechsel vor allem die durch chronischen Stress bewirkte dauerhafte Steigerung des Blutdrucks und der Herzfrequenz nahezu zwangsläufig eine Schädigung der Blutgefäße und des Herzens zur Folge haben muss. Die Konsequenz ist ein erheblich erhöhtes Risiko schwerer **Herz-Kreislauf-Erkrankungen** bis hin zu Herzinfarkt und Schlaganfall. [68]

– Auch **Erschöpfungszustände und Depressionen** sind – besonders dann, wenn eine genetische Disposition oder andere psychische Ursachen hinzukommen – in vielen Fällen auf eine stressbedingte Störung des Stoffwechsels zurückzuführen. Dauerhafter Distress hat zwar, wie oben ausgeführt, regelmäßig einen erhöhten Cortisolspiegel zur Folge. Bei anhaltender Stresslast kann dies wegen der Überlastung der Nebennieren letztlich aber sogar ins Gegenteil umschlagen, d.h. der Cortisolspiegel unter den Normalwert abfallen, was dann oft in einer totalen Erschöpfung endet (sog. „Burnoutsyndrom“). [69] Dieser Zustand, der sich, wenn überhaupt, allenfalls mit großem therapeutischem Aufwand wieder ganz beheben lässt, hat dann jedenfalls eine über lange Zeit anhaltende Arbeitsunfähigkeit zur Folge.

– Die durch Dauerstress bewirkte Disbalance bei den Neurotransmittern und im Hormonhaushalt verändert auch die Biochemie in den Nervenzellen. Dadurch können sich die Nervenzellen selbst und die sie verbindenden Synapsen verändern und sogar vorzeitig absterben. Dies führt ggf. zu einer **Schrumpfung ganzer Hirnregionen**, vor allem im Limbischen System. Dieser Bereich des Gehirns hat jedoch, wie oben bereits dargelegt, sehr wichtige Funktionen, insb. in Verbindung mit der Merkfähigkeit und der Verarbeitung von Emotionen. Erschwerend kommt hinzu, dass mit dem dort ggf. besonders oft beeinträchtigten Hippocampus gerade auch der Bereich geschädigt wird, von dem eigentlich der Impuls für die Entspannung ausgehen soll. Hier dreht sich in diesen Fällen also ein weiterer Teufelskreis! [70]

Diese harten Fakten sollten eigentlich alle Vorgesetzten dazu anhalten, konsequent darauf zu achten, dass ihr Führungsverhalten neben dem im Arbeitsalltag der Mitarbeiter in der Regel ohnehin unvermeidlichen Stress nicht noch zusätzlichen, unproduktiven Distress erzeugt! Anderenfalls nehmen sie in Kauf, dass es bei ihrem Personal – je nach individueller Disposition – neben einem langfristigen Leistungsabfall vermehrt zu den oben genannten Erkrankungen kommt, was sich dann massiv negativ auf den Krankenstand und die Fluktuation in ihrem Verantwortungsbereich auswirkt.

Aus diesen Zusammenhängen lassen sich für alle Führungskräfte die folgenden zentralen **Handlungsgrundsätze** ableiten:

Ganz allgemein gilt:

Ich sorge für eine möglichst angstfreie Atmosphäre in meinem Verantwortungsbereich, um schädlichen Distress zu vermeiden.

Im Einzelnen:

Ich bemühe mich um einen tragfähigen menschlichen Kontakt auf Augenhöhe zu all meinen Mitarbeitern und zeige auch meine Gefühle, um die persönliche Distanz möglichst gering zu halten.
Denn mit der Distanz wächst ihre Angst, mit der Angst ihr Stress!

Ich bewerte Mitarbeiter nicht nur nach ihren Schwächen und Fehlern, sondern vor allem auch nach Ihren Stärken und positiven Beiträgen und gebe ihnen dies gelegentlich durch entsprechende Rückmeldungen auch zu erkennen. Damit reduziere ich die Ängste meiner Mitarbeiter, den an sie gestellten Anforderungen nicht gewachsen zu sein.

Ich vermittle Sicherheit und Orientierung durch Vorbild und verlässliche Vorgaben sowie – bei Misserfolgen, möglichst auch Unterstützung und Rückendeckung.

4.2 Die positive Wirkung der Berücksichtigung der Grundbedürfnisse

Einem ambitionierten Vorgesetzten wird es jedoch sicher nicht genügen, von sich sagen zu können, einen Führungsstil zu praktizieren, der den Mitarbeitern möglichst keine bleibenden gesundheitlichen Schäden zufügt. Führungskräfte, die darüber hinaus erreichen möchten, dass ihre Mitarbeiter sich mit ihren Aufgaben, den Vorgesetzten und nach Möglichkeit dem ganzen Unternehmen identifizieren sowie mit hoher Motivation nachhaltig, engagiert und kreativ ihrer Arbeit widmen, sollten im Umgang mit ihnen daher nicht nur darauf achten, die beschriebenen negativen Folgen von Stress zu vermeiden, sondern auch die positiven Aspekte eines gehirngerechten Führungsstils beherzigen. Das heißt, sie sollten konsequent die Grundbedürfnisse all ihrer Mitarbeiter im Auge haben. Dafür reicht es aber nicht aus, nur für ihre materiellen und physiologischen Bedürfnisse, also eine ausreichende Bezahlung und die Grundversorgung (insb. Schlaf, Essen und Hygiene) zu sorgen. Wissenschaftliche Studien haben vielmehr ergeben, dass Menschen in aller Regel nur dann gern, gut und effektiv arbeiten, wenn auch ihre elementaren psychischen Bedürfnisse, also **die psychischen Grundbedürfnisse** berücksichtigt werden. [71]

Welche Bedürfnisse dies sind, dass sie im Wesentlichen für alle Menschen gleichermaßen gelten und was ihnen zugrunde liegt, wurde im Kapitel 3 (Seite 34 ff.) bereits eingehend dargelegt. Angesichts der elementaren Bedeutung, die diesen Grundbedürfnissen für das Verhalten der Menschen zukommt, kann es nicht verwundern, dass auch das von Rock & Schwartz im Jahr 2008 entwickelte „SCARF-Modell" (siehe dazu Seite 48) inhaltlich weitgehend mit der Bedürfnislehre von Maslow, Grawe und Hüther übereinstimmt.

Die anschließende tabellarische Gegenüberstellung zeigt, dass sich die diesem **SCARF** – Modell zu Grunde liegenden Begriffe **S**tatus, **C**ertainty (Sicherheit), **A**utonomy, **R**elatedness (Beziehung, Verbundenheit) und **F**airness mühelos mit der Terminologie von Maslow, Grawe und Hüther in Übereinstimmung bringen lassen.

Rock & Schwartz	Abraham H. Maslow	Klaus Grawe	Gerald Hüther
Status	**Stufe 4** Anerkennung und Wertschätzung	Selbstwerterhöhung und Selbstwertschutz	—
Certainty	**Stufe 2** Sicherheit	Orientierung und Kontrolle	—
Autonomy	**Stufe 5** Selbstverwirklichung	—	Autonomie und Wachstum
Relatedness	**Stufe 3** Zugehörigkeit und Zuwendung	Bindung	Verbundenheit
Fairness	**Stufen 4 und 5** Anerkennung und Selbstverwirklichung	—	Autonomie und Wachstum

Im Interesse einer möglichst klaren und eindeutigen Orientierung ist es also auch in Bezug auf das SCARF-Modell sinnvoll und zulässig, wie zuvor schon bei den Bedürfnissen nach Grawe und Hüther (s. o. Seite 37 f.), für die Grundsätze einer menschengerechten Führung unmittelbar an der auf Seite 35 dargestellten, sehr prägnanten und bewährten Bedürfnispyramide von Abraham H. Maslow anzuknüpfen.

Von jedem der darin erfassten Grundbedürfnisse lassen sich konkrete Prinzipien ableiten, die man sich als Führungskraft in der Praxis zu eigen machen sollte. Im Einzelnen gelten die folgenden

Schlussfolgerungen und Führungsprinzipien

Zu Stufe 1

Körperliche Grundbedürfnisse (Atmung, Nahrung, Schlafen, etc.)

Es sollte für jeden Vorgesetzten selbstverständlich sein, dafür Sorge zu tragen, dass die körperlichen Grundbedürfnisse der Mitarbeiter am Arbeitsplatz keinerlei Einschränkungen unterliegen, so dass es entbehrlich ist, hier auf Einzelheiten einzugehen. In größeren Unternehmen und Einrichtungen, in denen i. d. R. eine gewählte Personalvertretung besteht und oft auch die Gewerkschaften Einfluss nehmen, dürfte zudem schon dadurch sichergestellt sein, dass diese elementaren Belange der Mitarbeiter angemessen berücksichtigt werden. In kleineren Betrieben oder Arbeitsgruppen, in denen eine derartige Interessenvertretung nicht existiert, ist jeder Vorgesetzte gut beraten, von sich aus auf seine Mitarbeiter zuzugehen, um zu klären, ob insoweit Handlungsbedarf besteht.

Natürlich ist auch die **Bezahlung** ein wesentlicher Aspekt, wenn es darum geht, ob und wie Arbeitnehmer ihre körperlichen Grundbedürfnisse decken können. Diesem Punkt kommt in der allgemeinen Wahrnehmung allerdings ohnehin bereits ein so hoher Stellenwert zu, dass die anderen Gesichtspunkte, die ich für eine zeitgemäße Führung für wichtig halte, daneben leider oft in den Hintergrund treten. Deshalb sehe ich davon ab, auf diesen Aspekt hier besonders einzugehen.

Das an der ersten Stufe der Bedürfnisse anknüpfende Prinzip lautet:

Ich kümmere mich um eine angemessene Grundversorgung meiner Mitarbeiter (u.a. Sicherheit am Arbeitsplatz, Hygiene, Pausen, Ruhezeiten, Essen, Trinken, Umgebungstemperatur).

Zu Stufe 2

Sicherheit (Gefahrenabwehr, Obdach, Orientierung, Ordnung)

Vielleicht haben Sie es ja schon selbst erlebt: Sie sind unterwegs in einem fremden Land, in dem eine Sprache gesprochen wird, der Sie nicht mächtig sind, als Urlauber mit dem Auto oder als Wanderer zu Fuß, und stellen nach einem langen Reisetag bei bereits hereinbrechender Abenddämmerung fest, dass Sie irgendwo den Weg verfehlt haben, jedenfalls nicht da angekommen sind, wo Sie hin wollten. Sie haben total die Orientierung verloren. Die Zeit ist schon weit fortgeschritten und Sie wissen nicht, wo Sie für die Nacht unterkommen können. In dieser Situation hat wohl jeder nur einen Wunsch – zu wissen, wo man ist, wie man wieder auf den richtigen Weg kommen und ein Quartier für die nächste Nacht finden kann. – Diese höchst ungute Gefühlslage entspricht in etwa der vieler Arbeitnehmer, deren Vorgesetzte nicht darauf achten, ihren Mitarbeitern Sicherheit und Orientierung zu geben und für geordnete Abläufe zu sorgen – oder noch schlimmer, die gezielt danach trachten, ihre Mitarbeiter darüber im Unklaren zu lassen, ob sie auf dem richtigen Weg sind, in der Vorstellung, sie dadurch von sich abhängig und für die eigenen Ziele gefügiger zu machen. In dieser Gefühlslage wird, wenn sie andauert, abgesehen davon, dass sie – wie bereits dargelegt – krank macht, jedoch niemand längere Zeit freudig und kreativ arbeiten. Mitarbeiter werden in einer solchen Lage vielmehr – wenn auch i. d. R. letztlich erfolglos – nur danach trachten, sich möglichst durch Zurückhaltung und vorsichtiges Taktieren „in Sicherheit" zu bringen!

Um der beschriebenen Gefühlslage, diesem Bedürfnis der Mitarbeiter nach Sicherheit und Orientierung gerecht zu werden, gilt der folgende Führungsgrundsatz:

Ich achte auf verbindliche Regeln und verlässliche Strukturen und sorge durch klare und berechenbare Vorgaben für Orientierung und angstfreie Atmosphäre.

Es gibt auch Führungskräfte, die, weil sie Angst haben, selbst Fehler zu machen, anstehende Entscheidungen vor sich her schieben – oder bisweilen sogar solche, die sich scheuen, eindeutig und konkret zu vermitteln, was sie von ihren Mitarbeitern erwarten, um dann, wenn irgendetwas „schief geht", die Schuld dafür nach unten abwälzen zu können. Auch durch dieses Verhalten wird das Bedürfnis der Mitarbeiter nach Sicherheit und Orientierung verletzt. Führen heißt Übernahme von Verantwortung! – Daraus ergibt sich die folgende Schlussfolgerung:

Ich übernehme Verantwortung durch
– klare Anweisungen und Rückmeldungen
– rechtzeitige Entscheidungen
– Unterstützung bei Schwierigkeiten
– Rückendeckung bei Fehlschlägen.

Zu Stufe 3

Sozialbedürfnis (Zugehörigkeit, Zuwendung)

Leider kommt es immer wieder vor, dass sich einzelne Mitglieder einer Gruppe, aus welchem Grund auch immer, an den Rand der Gemeinschaft manövrieren, bzw. dass sie von den anderen in eine Außenseiterposition gebracht werden. Die allermeisten haben dieses Phänomen schon in der Schule erlebt, wo nahezu in jeder Klasse ein „Klassenkasper", ein unbeliebter „Streber" und ein „Prügelknabe" anzutreffen waren, auf die dann alle Mitschüler ihre Enttäuschungen, ihren Ärger und ihre Aggressionen ableiten konnten. Natürlich gibt es dafür in jedem Einzelfall auch gute Gründe; nur ist es nicht immer leicht auszumachen, wer den Anfang dieses für die Betroffenen höchst unerfreulichen Prozesses gesetzt hat.

Jeder Mensch, der eine Führungsaufgabe übernimmt, muss sich darüber im Klaren sein, dass er damit in Zukunft auch mit diesem Problem konfrontiert sein wird, sowie darüber, welch große Schäden es anrichten kann. Diese Schäden drohen nicht nur dem Betroffenen selbst, sondern mit einem vergifteten Klima dem ganzen Team und damit auch dessen Arbeitserfolg. Mit jeder Führungsaufgabe ist daher die Verantwortung verbunden, solche Prozesse und die daraus resultierenden Schäden möglichst zu unterbinden. Die Aufmerksamkeit, die dieser Aufgabe zuzumessen ist, folgt aus der bereits dargelegten Tatsache, dass das Bedürfnis, in sein soziales Umfeld eingebunden zu sein und dort auch die Zuwendung der anderen zu erfahren, seit Urzeiten eine elementare, ja vitale, also lebenserhaltende Bedeutung für alle Menschen hat. [72] Zudem ist dank der modernen neurobiologischen Forschung heute bekannt, dass jede Art von positiver Motivation auf gelingenden menschlichen Beziehungen beruht und deshalb auf diese angewiesen ist [73] sowie auch, dass jede soziale Isolation vom Körper nicht nur psychisch, sondern auch neurobiologisch als Schmerz erlebt und mit einer messbaren körperlichen Stressreaktion beantwortet wird. [74] Die Tatsache, dass ein durch soziale Ausgrenzung oder Demütigung ausgelöster „psychischer Schmerz“ auf das Gehirn ebenso wirkt wie ein körperlicher, hat zwangsläufig zur Folge, dass eine anhaltende Frustration der sozialen Bedürfnisse nach Zugehörigkeit, Zuwendung und Respekt beim Betroffenen wie ein körperlicher Angriff Aggressionen auslöst. Je nach dessen Naturell führen diese dann entweder zu (möglicherweise auch verdecktem!) destruktivem Störverhalten oder aber in einen selbstzerstörerischen Rückzug, der letztlich immer in einer schweren Erkrankung endet. [75]

Die Gründe, weshalb Mitarbeiter in eine Außenseitersituation geraten können, sind vielseitig. Sie reichen von körperlichen Merkmalen, welche sie von der großen Mehrheit unterscheiden, über ihre ethnische, nationale oder regionale Herkunft mit entsprechenden sprachlichen Eigenheiten, über die geschlechtliche Orientierung, das religiöse Bekenntnis und das zu bestimmten politischen Gruppierungen oder sogar Fußballclubs bis hin zu ihrem Leistungsverhalten. Was die Leistung betrifft, kann es den Betroffenen gleichermaßen zum Verhängnis werden, egal ob sie aus Sicht der Kollegen zu schlecht oder zu gut arbeiten und ihnen damit sozusagen „die Preise verderben“.

Den Vorgesetzten kommt in diesem Zusammenhang eine zentrale Verantwortung zu. Der maßgebliche Faktor dabei ist das Vorbild, das sie geben! – Solange die Führungskräfte konsequent und für alle erkennbar darauf achten, dass sie jedem Angehörigen der von ihnen geführten Gruppe ohne Unterschied aufmerksam, respektvoll zugewandt, fair und gerecht begegnen, wird es Einzelnen aus diesem Personenkreis sehr schwer fallen, den Prozess der Ausgrenzung von Kollegen in Gang zu setzten, oder, falls er bereits begonnen hat, ihn fortzusetzen oder gar zu forcieren. Es ist jedoch nicht nur wichtig, sich im Verhalten Einzelnen gegenüber keine „negativen Ausreißer" zu leisten. Ebenso gilt es auch zu vermeiden, sich unter den Mitarbeitern „Lieblinge" heranzuziehen, was manchen Vorgesetzten noch viel schwerer fällt. [76]

Über das Vorbild hinaus ist es jedoch auch die unbedingte Pflicht jeder Führungskraft, sofort und kompromisslos zu intervenieren, wenn sie es mitbekommt, dass einzelne Personen im Kreis der Mitarbeiter diskriminiert, gekränkt oder ausgegrenzt werden! Denn abgesehen davon, dass es notwendig ist, die Richtung vorzugeben (siehe oben zu Stufe 2) und die so angegriffenen Mitarbeiter zu schützen, besteht Anlass zur Sorge, dass andere Kollegen dem unerwünschten Vorbild der „Angreifer" folgen, wenn der Vorgesetzte nicht einschreitet. [77]

In Hinblick auf die große Bedeutung des sozialen Grundbedürfnisses der Mitarbeiter nach Verbundenheit und Zuwendung für Zusammenhalt und Arbeitsergebnis gelten demnach die folgenden Grundsätze:

Ich begegne allen Mitarbeitern in gleicher Weise mit Respekt fair und gerecht und vermeide jede Äußerung, die geeignet ist, einzelne von ihnen vor anderen herabzusetzen oder auszugrenzen.

Ich schreite nachdrücklich ein, wenn Mitarbeiter von Kollegen herabgesetzt oder ausgegrenzt werden.

Zu Stufe 4

Anerkennung und Wertschätzung

Erinnern Sie sich? – Auf den Stufen eins bis drei der Bedürfnispyramide gibt es laut Maslow einen Zustand der Sättigung, also einen Punkt, an dem diese Bedürfnisse vollkommen gestillt sind. Ab Stufe vier gilt dies nicht mehr. Dies hat zur Folge, dass wir Menschen von Anerkennung und Wertschätzung gar nicht genug kriegen können! Wir haben es deshalb hier nun mit der entscheidenden „Triebfeder" unseres Verhaltens zu tun, die uns bewegt, wenn unseren körperlichen Grundbedürfnissen und denen auf Stufe zwei und drei nach Sicherheit und sozialer Bindung Genüge getan ist. Somit ist Anerkennung und Wertschätzung für Mitarbeiter das, was Vorgesetzte immer und überall aufbringen müssen, wenn sie erfolgreich führen wollen!

Was aber sind die Wege, den Mitarbeitern – über gelegentliche positive Rückmeldungen hinaus – Anerkennung und Wertschätzung zu vermitteln? Davon gibt es eine ganze Reihe. Viele Führungskräfte nehmen sie jedoch gar nicht wahr oder beschreiten sie nicht, selbst wenn sie sie sehen. Dieses Versäumnis dürfte nach meiner Einschätzung sogar einer der wesentlichen Gründe dafür sein, dass derart viele Arbeitnehmer in Deutschland mit ihrer Situation am Arbeitsplatz bzw. mit ihren Chefs so unzufrieden sind.

Der erste Punkt in dieser Reihe von Möglichkeiten, Anerkennung und Wertschätzung zu vermitteln, war bereits Gegenstand der in Kapitel 2 aufgeworfenen Frage nach der Haltung, die man als Führungskraft gegenüber den Mitarbeitern einnehmen sollte. – Hier stellt sich diese Frage nun so: Wie soll sich ein Mensch wertgeschätzt und anerkannt fühlen, wenn ihm von oben herab begegnet wird?! – Deswegen ist es sogar die zwingende Voraussetzung für alle weiteren Schritte, den Mitarbeitern immer und unbedingt **„auf Augenhöhe"** zu **begegnen !** Und dies gilt gleichermaßen für alle Mitarbeiter, gleichgültig welche Aufgaben ihnen zugewiesen sind, auch für den Pförtner oder die Reinigungskraft. Würden sie keine Wertschätzung verdienen, hätte man sie nicht engagiert, wären sie nicht da!

Eine zweite Möglichkeit, Anerkennung und Wertschätzung zu zeigen, ist, auch solche **Informationen** an die Mitarbeiter weiterzugeben, auf die sie zur Erledigung ihrer eigenen Arbeit selbst gar nicht unbedingt angewiesen sind. Natürlich gilt dies nicht für solche, die aus welchem Grund auch immer vertraulich behandelt werden müssen. Es geht auch nicht darum, die in Arbeitsgruppen oft gepflegte Geschwätzigkeit zu unterstützen. Was hier zum Tragen kommt, ist vielmehr die Möglichkeit, den Grundsatz „Information ist Macht" für die Mitarbeiterführung positiv zur Geltung zu bringen. Oft dient er Führungskräften leider nur dazu, um dem eigenen Geltungsbedürfnis Genüge zu tun! Mitarbeiter, die – über die unmittelbaren Belange ihres Arbeitsplatzes hinaus – auch darüber informiert werden, wie sich dessen Rahmenbedingungen entwickeln, erleben dies nicht nur als Anerkennung ihres Beitrages, sondern darüber hinaus auch als Zeichen der Zugehörigkeit. Neben ihrem Bedürfnis nach Wertschätzung und der damit verbundenen Stärkung der Identifikation mit dem Gesamtbetrieb wird so zusätzlich also auch noch ihr Sozialbedürfnis (Stufe 3) bedient.

Anerkennung und Wertschätzung kommt auch zum Ausdruck, wenn Mitarbeiter **Gelegenheit** erhalten, **sich in Planungen einzubringen**, deren Ergebnisse sich, wenn evtl. auch nur marginal, auf ihre Arbeitsbedingungen auswirken. Sehr oft werden Arbeitnehmer jedoch erst dann mit Veränderungen konfrontiert, wenn diese komplett geplant oder sogar bereits umgesetzt sind – ganz nach dem fatalen Motto *„friss Vogel oder stirb!"*. Es bedarf wohl keiner weiteren Erläuterung, dass ein derartiges Führungsverhalten nicht dazu angetan ist, bei den betroffenen Mitarbeitern den Eindruck entstehen zu lassen, dass der von ihnen geleistete Beitrag gesehen und gewürdigt wird.

Von den allermeisten Mitarbeitern wird es außerdem als Anerkennung und Wertschätzung erlebt, wenn ihnen **Freiräume für eigenverantwortliches Handeln** eingeräumt werden, selbst dann, wenn diese mit zusätzlicher Arbeitsbelastung verbunden sind. Kommt damit doch zum Ausdruck, dass man mit ihren bisherigen Leistungen durchaus zufrieden ist und ihnen zutraut, die ihnen gebotenen Spielräume sinnvoll nutzten zu können. Natürlich muss eine derartige Delegation von

Verantwortung durch angemessene Hinweise und Rückmeldungen des Vorgesetzten begleitet werden. – Besondere Wertschätzung ist mit einer Delegation verbunden, wenn sie sogar ein gewisses Maß **persönliches Vertrauen** [78] in den Mitarbeiter voraussetzt!

Dass **positive Rückmeldungen** ein probates Mittel sind, die Mitarbeiter und ihre Leistungen zu würdigen, versteht sich von selbst und es ist grundsätzlich sicher richtig, von dieser Möglichkeit Gebrauch zu machen, wann und wo immer es konkreten Anlass dafür gibt. Auch dies ist allerdings mit einigen Fallstricken verbunden, die man beachten sollte, um nicht sogar den gegenteiligen Effekt zu erzielen.

– So sollte Anerkennung nur dann ausgesprochen werden, wenn es, gemessen an der jeweiligen Leistungsgrenze der Empfängers, sachlich wirklich gerechtfertigt und ehrlich gemeint ist. Ein schematisch, sozusagen „mit der Gießkanne“ verteiltes Lob wird von den Mitarbeitern i. d. R. bald als manipulativ durchschaut, entwertet sich dadurch selbst und kann so evtl. sogar genau das Gegenteil bewirken!

– Es ist auch darauf zu achten, dass mit den Rückmeldungen keine „Überhöhung“ über den Mitarbeiter verbunden ist, die dann entsteht, wenn er sich durch diese von oben herab bewertet fühlen muss. Am sichersten ist dies zu vermeiden, indem Formulierungen in der „ich“-Form verwendet und diese mit konkreten Beobachtungen unterlegt werden (z. B. „es gefällt mir, dass Sie in der letzten Zeit ...).

– Die positive Wirkung ständig wiederholter positiver Rückmeldungen nutzt sich ab, selbst wenn sie in der Sache berechtigt sind. Deshalb ist es sinnvoll, sich bietende Gelegenheiten, einem tüchtigen Mitarbeiter Anerkennung auszusprechen, auch mal auszulassen. Man spricht insoweit auch von „intermittierendem Lob“.

– Größte Zurückhaltung ist geboten, wenn man daran denkt, Mitarbeitern im Beisein ihrer Kollegen ein positives Feedback zu geben! Denn was die dadurch Begünstigten natürlich freut, kann bei ihren Kollegen, die ja oft zugleich auch Konkurrenten sind, Neid und Missgunst auslösen und ist so in der Folge möglicherweise sogar eine Gefahr für den Zusammenhalt, die Leistung und den Betriebsfrieden.

Erhebliche Risiken in Hinblick auf das Bedürfnis der Mitarbeiter nach Anerkennung und Wertschätzung sind mit **Kritik** verbunden. Natürlich gehört auch Kritik zum unverzichtbaren Werkzeug von Führungskräften. Ist sie doch ein zentrales Element, wenn es darum geht, wie oben zur Stufe 2 dargelegt, Hinweise und Rückmeldungen zu geben.

Besonders wichtig bei der Nutzung dieses Instruments ist es jedoch, sich bewusst zu machen, dass wegen des erheblichen Gewichts, das dem Grundbedürfnis nach Anerkennung zukommt, Menschen auf Kritik jeglicher Art grundsätzlich äußerst empfindlich reagieren und generell Schwierigkeiten haben, diese zu akzeptieren. Sollen kritische Hinweise des Vorgesetzten also die damit verbundenen Absichten nicht verfehlen, ist es geboten, Kritik nur mit Bedacht maßvoll und unter größter Selbstkontrolle einzusetzen!

Aus diesem Gebot ergeben sich u. a. folgende Konsequenzen:

– Kritik sollte sich immer nur auf einen konkreten, selbstverständlich berechtigten Anlass und ausschließlich auf die Sache und nie (auch) auf die betroffene Person beziehen. Das bedeutet, dass auch etwa mit dem Anlass der Kritik verbundene negative eigene Gefühle nicht artikuliert, sondern unterdrückt werden sollten. Unmutsäußerungen persönlicher Art sind fast immer verletzend und somit kontraproduktiv!

– Kritikgespräche sollten nie „zwischen Tür und Angel" und im Beisein Dritter, sondern möglichst nach vorheriger Verabredung grundsätzlich „unter vier Augen" im geschützten Rahmen eines Büros stattfinden.

– Bei der Formulierung von Kritik ist darauf zu achten, sie sachlich und knapp zu halten. Dabei sind generalisierende Begriffe wie „nie" oder „immer" etc. zu vermeiden, da sie in aller Regel nicht zutreffen und so beim Betroffenen zwangsläufig eine Abwehrhaltung auslösen.

– Wenn es sachlich gerechtfertigt ist, sollte versucht werden, kritische Anmerkungen wenn möglich mit einer im Übrigen positiven Äußerung zu Person und Leistung des betroffenen Mitarbeiters zu verbinden. Eine derartige „positive Verpackung" fördert die Bereitschaft, sich mit der Kritik sachlich, konstruktiv und zielführend auseinanderzusetzen.

Daraus ergeben sich zusammenfassend die folgenden Grundsätze:

Ich begegne meinen Mitarbeitern in Anerkennung ihres Beitrags auf Augenhöhe wertschätzend und vertrauensvoll, insb. durch
– die Weitergabe von Informationen,
– die Möglichkeit, sich in meine Planungen einzubringen,
– die Gewährung von möglichen Freiräumen für eigenverantwortliches Handeln.

Ich begleite die Arbeit meiner Mitarbeiter
– mit leistungsgerechten positiven Rückmeldungen und
– bei konkretem Anlass beherrscht und maßvoll mit ausschließlich sachbezogener Kritik unter vier Augen.

Wenn es um die Anerkennung der Leistung von Mitarbeitern geht, darf hier schließlich ein Punkt nicht unerwähnt bleiben, der in der Praxis, jedenfalls im Bereich der Wirtschaft, wie oben auf Seite 57 bereits angesprochen, leider viel zu oft noch im Vordergrund steht, gelegentlich sogar als einziges Mittel zur Anwendung kommt, um Anerkennung und Wertschätzung zum Ausdruck zu bringen. Dieser Punkt ist die **Gratifikation durch materielle Vorteile**, insb. durch Prämien oder Zuschläge auf die reguläre Vergütung.
Sicher freut man sich, wenn einem finanzielle Zuwendungen oder andere Vorteile, wie etwa ein größerer Dienstwagen oder ein Büro mit Bergblick zukommt. Auf der anderen Seite besteht jedoch die große Gefahr, dass derartige Anreize zu „Ködern" verkommen, mit denen die Mitarbeiter zu reinen Objekten eines Kalküls degradiert werden, was ja das Gegenteil von Wertschätzung und Respekt bedeutet. Ggf. ist damit zudem die Gefahr verbunden, dass im Kreis der Mitarbeiter Rivalität und Konkurrenz angeheizt wird, was dann der Leistung des Kollektivs letztlich sogar abträglich ist. [79] Dieses Mittel sollte daher – eine ansonsten angemessene Bezahlung vorausgesetzt – nur mit größter Zurückhaltung und lediglich beschränkt auf im gesamten Kollegium anerkannte, herausragende Leistungen zum Einsatz kommen!

Zu Stufe 5

Selbstverwirklichung

Hier auf Stufe 5, dem Bedürfnis nach Selbstverwirklichung, begegnen Führungskräfte bei ihren Mitarbeitern der ganzen Vielfalt des Lebens. Natürlich wäre es aus Sicht eines Vorgesetzten wunderbar, wenn alle Mitarbeiter den Sinn ihres Daseins nur darin sehen würden, dem Chef alle Wünsche zu erfüllen und ganz in der ihnen aufgetragenen Arbeit aufzugehen. Solche Menschen gibt es zwar, aber meist nur in den Chefetagen, eben genau da, wo man für diesen Einsatz in aller Regel auch die erhoffte Anerkennung und Wertschätzung erwarten kann! Und exakt an diesem Punkt befindet sich die Schnittstelle zur Stufe 4.

Je weniger die Arbeitnehmer an ihren Arbeitsplätzen Anerkennung und Wertschätzung erfahren, um so mehr werden sie darauf aus sein, dieses Grundbedürfnis an anderer Stelle zu stillen! Ein nicht geringer Anteil unter den zahlreichen Idealisten, die sich in unserem Land mit großer Hingabe beim Roten Kreuz, bei der Freiwilligen Feuerwehr, als Vereinsvorstände, Musikanten und Freizeitkapitäne oder in einem der vielen sonstigen Ehrenämter engagieren, dürften auf diese Weise die Anerkennung suchen, die ihnen am Arbeitsplatz versagt bleibt. Auch hier wird es noch einmal deutlich und klar: Man kann von den Menschen, die einem zuarbeiten, nur hohe Motivation und vollen Einsatz für ihre beruflichen Aufgaben erwarten, wenn sie dafür auch die Anerkennung und Wertschätzung erhalten, die jeder Mensch braucht! Und je weniger Eigenverantwortung und Gestaltungsspielraum ein Arbeitsplatz bietet, um so mehr wird der Inhaber bestrebt sein, an anderer Stelle den Raum dafür zu finden, sich selbst zu verwirklichen.

Aus den bei der Bestandsaufnahme in Kapitel 1 dargelegten ernüchternden Daten lässt sich, anknüpfend an diesen Gedanken, wohl der Schluss ziehen, dass sehr viele Arbeitnehmer in Deutschland bisher nur deshalb täglich ihren Arbeitsplatz aufsuchen, um für sich und ihre Angehörigen den notwendigen Lebensunterhalt zu verdienen. Das Leben, das ihnen wirklich am Herzen liegt, findet dann an anderer Stelle statt. Dazu kommt, dass ja ohnehin jeder Mensch auch sein privates Leben hat, in dem Familie, Freunde sowie diverse Anliegen und Sorgen seine Zeit und Kraft in Anspruch nehmen.

Als Führungskraft ist man gut beraten, dieser Realität ins Auge zu sehen. Nur so kann es gelingen, den Teufelskreis der gegenseitigen Enttäuschungen zu durchbrechen. Nur solche Vorgesetzte werden von den Mitarbeitern unter diesen Umständen die erwünschte volle Motivation für die Arbeit erwarten können, die bereit sind, dafür – über den vereinbarten Lohn hinaus und wenn möglich bereits im Voraus – in hohem Maße mit Verständnis, Anerkennung und Wertschätzung „zu bezahlen“! In Anerkennung dieser Realität sollte jede Führungskraft im nächsten Schritt – und da sind wir nun ganz auf Stufe 5 der Bedürfnispyramide angekommen – die Lebensplanung der Mitarbeiter nicht nur akzeptieren, sondern, solange sie nicht in einem unauflösbaren Widerspruch zu den Aufgaben steht, sogar aktiv unterstützen. Dies gilt sowohl für die berufliche Entwicklung als auch für die privaten Ambitionen aller Mitarbeiter!

Die Unterstützung der Entwicklung im beruflichen Bereich beginnt damit, die individuellen Schwächen der Mitarbeiter und mehr noch ihre Neigungen, Talente und Stärken zu erkunden. Denn nur die Vorgesetzten, die diese Eigenheiten kennen, sind in der Lage, die einzelnen Mitarbeiter im Rahmen der Möglichkeiten so einzusetzen, dass deren Potential zur Geltung kommt. So ist es auf der einen Seite sinnlos, einem Menschen Aufgaben zu übertragen, die ihn überfordern, da damit ein Teufelskreis von Enttäuschung und Entmutigung in Gang gesetzt würde. Auf der anderen Seite bietet sich nur so die Möglichkeit, jedem Mitarbeiter Chancen zu eröffnen, Leistungen zu erbringen, die sowohl der Sache dienen, als auch seinem Bedürfnis nach Selbstverwirklichung entgegen kommen. Auf diesem Weg lässt sich ggf. also im beidseitigen Interesse ein sich selbst verstärkender positiver Prozess in Gang setzen. An dieser Schraube zu drehen, ist einer der zentralen Aufgaben von Führung und exakt der Ansatzpunkt dafür, die Motivation jedes Mitarbeiters, sich am Arbeitsplatz zu engagieren, zu fördern. Diese positive Spirale im Wechsel von Erfolg und Anerkennung kann sogar noch forciert werden, indem man Aufgaben überträgt, die zwar eine besondere Herausforderung darstellen, den Adressaten aber voraussichtlich dennoch nicht überfordern. [80]

Über diese differenzierte Führung und Förderung des Personals durch einen den individuellen Voraussetzungen angepassten Arbeitseinsatz hinaus sollte man den Mitarbeitern außerdem auch in solchen Wünschen entgegen kommen, die ihre langfristige berufliche Entwicklung und Perspektive betreffen. An einem derart bedürfnisgerecht geführten Arbeitsplatz werden sie nicht nur gerne, hoch motiviert und mit vollem Einsatz arbeiten, sondern sich an ihn und die dort tätigen Führungskräfte auch stark gebunden fühlen.

Was die **Selbstverwirklichung im privaten Bereich** betrifft, gilt es, sich gegenüber seinen Mitarbeitern in größtmöglicher Toleranz zu üben. Auch wenn es einer Führungskraft, die ihre Wochenenden im eigenen Garten mit dem Beschneiden von Rosen zubringt, schwer fallen mag, z.B. die Leidenschaft eines Mitarbeiters nachzuvollziehen, mit der dieser den von ihm hingebungsvoll geliebten Fußballverein zu jedem Auswärtsspiel begleitet, sollte sich dieser Vorgesetzte dennoch unbedingt jede Wertung oder gar Abwertung dieses Freizeitvergnügens versagen! Mehr noch! Sollte es eine Möglichkeit geben, dem Mitarbeiter diese Reiseaktivitäten durch Anpassung seiner Arbeitszeit zu erleichtern, sollte man sie nutzen! Dieses Entgegenkommen wird er bei Gelegenheit sicher „zurückzahlen“. Ich erinnere mich daran, dass einer meiner besonders tüchtigen leitenden Mitarbeiter, der seinerzeit für den Dienstplan der etwa 300 Bediensteten der uniformierten Laufbahnen der gesamten Anstalt zuständig war, einmal geäußert hat, er verstehe sich mehr als „Freizeitplaner“ der Kollegen denn als deren Dienstplaner. Damals war ich irritiert über diese Bemerkung; heute verstehe ich, weshalb er einen so großen Rückhalt im Personal und keine Probleme hatte, Freiwillige zu finden, wenn unangenehme Aufgaben zu verteilen waren. – Nur die Mitarbeiter selbst wissen, wie sie sich verwirklichen wollen; es ist ihr Leben. Während der eine seine Zeit gerne beim Fischen zubringt, geht der andere auf die Jagd oder in die Oper, sitzt die dritte lieber auf dem Rücken ihres Pferdes oder auf einem Motorrad. Auch wenn Sie für alle diese Hobbys selbst nicht das geringste Verständnis haben sollten, kann ich Ihnen nur dringend ans Herz legen, wohlwollendes Interesse dafür aufzubringen und den Blick im Übrigen darauf zu richten, was diese Mitarbeiter am Arbeitsplatz tun. Sie selbst werden damit zufrieden sein und Ihre Mitarbeiter werden es ihnen danken.

Der Grundsatz der wohlwollenden Anteilnahme an den privaten Belangen der Mitarbeiter gilt natürlich besonders und um so mehr, wenn sich diese in schwierigen Lebenslagen befinden. Wie sollte sonst die menschliche Basis dafür entstehen, auf der Sie erwarten dürfen, dass sich ein Mitarbeiter seinerseits mehr als zur Erhaltung seines Arbeitsplatzes unbedingt nötig für die beruflichen Belange interessiert oder gar mit Herzblut einsetzt, also voll und ganz für Sie da ist, wenn Sie ihn brauchen?!

Diese Gedanken lassen sich in den folgenden Schlussfolgerungen zusammenfassen:

Ich versuche, die individuellen Eigenheiten, vor allem die Talente und Stärken meiner Mitarbeiter herauszufinden, um sie nach Möglichkeit durch einen Einsatz zu fördern, der ihren Neigungen und Fähigkeiten entspricht.

Ich übertrage meinen Mitarbeitern Aufgaben, die sie herausfordern, aber nur, wenn sie diese voraussichtlich auch bewältigen können.

Ich fördere und unterstütze meine Mitarbeiter – soweit dies mit ihren Aufgaben vereinbar ist – entsprechend ihren Wünschen und Lebenszielen in der beruflichen Entwicklung ebenso wie in ihren persönlichen Belangen.

4.3 Die Wirkung von Beziehung, Emotionen und Spiegelneuronen

So wie alle Abläufe im Gehirn über das Netzwerk von Nervenfasern und Synapsen miteinander verbunden sind, so sind auch die Wirkungen der verschiedenen Elemente des Führungsverhaltens verknüpft. Führungskräfte, die alle bisher genannten, an den Grundbedürfnissen der Geführten ausgerichteten Prinzipien umsetzen, werden damit also automatisch weitgehend auch den Anforderungen gerecht, die sich aus den weiteren in den Kapiteln 2 und 3 angesprochenen neurobiologischen Gegebenheiten der ihnen unterstellten Menschen ergeben. Die Konsequenzen für das Führungsverhalten, die daraus abzuleiten sind, seien hier im Einzelnen noch einmal kurz angesprochen.

Zum einen geht es dabei, wie oben in Kapitel 2 (auf den Seiten 27 f.) unter dem Stichwort „gewinnendes Verhalten" bereits erwähnt, um das Erfordernis, eine **Verbindung zu den Mitarbeitern** herzustellen, über die eine effektive Einflussnahme überhaupt erst möglich wird. [81] Wer dabei natürlich auftritt und auch Gefühle zulässt, nützt dadurch nicht nur seinem eigenen Wohlbefinden [82], sondern wird zudem auch authentisch sowie möglicherweise sogar charismatisch wahrgenommen, was jeder Führungsrolle förderlich ist. Das daraus abgeleitete Prinzip könnte etwa lauten wie folgt:

Ich bemühe mich um eine tragfähige Beziehung zu meinen Mitarbeitern auf Augenhöhe und zeige auch meine Gefühle.

Dieses Prinzip ist uns sinngemäß auch bereits auf Seite 54 begegnet, wo es darum ging, einem vermeidbaren Distress entgegenzuwirken. – Außerdem gilt: *„Wer auf persönliche Kontakte zu seinen Mitarbeitern verzichtet, signalisiert damit mangelnde Wertschätzung und fehlenden Respekt"*. [83]

An diesem Beispiel der persönlichen Beziehung zwischen Führungskraft und Mitarbeiter wird somit deutlich, dass es sich in mehrfacher Hinsicht positiv auf die Qualität und damit auf den Erfolg von Führung auswirkt, wenn man sein Führungsverhalten an neurobiologischen Erkenntnissen ausrichtet.

Zum anderen geht es um die Konsequenzen, die sich aus der das menschliche Verhalten bestimmenden **Kraft von Emotionen** sowie – mit Rücksicht auf die Vorbildrolle, die Vorgesetzte zwangsläufig einnehmen – aus der Existenz bzw. **Wirkung der Spiegelneuronen** ergeben (Kapitel 3 Seiten 45 unten und 46 f.). – Der international hoch angesehene dänische Familientherapeut und Autor zahlreicher Bücher über Erziehung Jesper Juul (1940 – 2019) hat die Wirkung von Vorbildern in Bezug auf Kinder einmal so ausgedrückt: *„Kinder machen nicht das, was wir ihnen sagen, sondern das, was wir tun."* Dieser Satz lässt sich mühelos auch auf das Verhältnis von Vorgesetzten zu den von ihnen Geführten übertragen! [16]

Aus der Erkenntnis, dass das Verhalten der Mitarbeiter, wie das aller Menschen mehr von Gefühlen als von bewussten, rationalen Erwägungen geprägt ist, und dass es deshalb nichts gibt, was sie mehr für ihre Aufgaben motiviert, als positive Gefühle und Erfahrungen, folgt zusammenfassend ein letzter **allgemeiner Führungsgrundsatz**:

Ich bemühe mich um ein vorbildliches Verhalten, so wie ich es mir von meinen Vorgesetzten wünsche(n würde).

5

Spezielle Situationen

Auch wenn Führungskräfte bestrebt sind, ihr Verhalten an all den hier bisher aufgeführten Prinzipien auszurichten, und so in ihrem Arbeitsalltag zur eigenen Zufriedenheit und der ihrer Mitarbeiter generell gut zurecht kommen, werden sie bisweilen dennoch immer wieder auch mit speziellen Aufgaben und Problemen konfrontiert, die mit diesen allgemeinen Grundsätzen allein nicht ohne weiteres sachgerecht zu lösen sind. Zur besseren Bewältigung solcher Problemlagen kann es beitragen, sich deren spezifischen neurobiologischen Zusammenhänge ebenfalls bereits vorab bewusst zu machen. Deshalb seien einige typische von ihnen nun in diesem Kapitel angesprochen.

5.1 Neue Mitarbeiter gewinnen

Bei der Auswahl und Einstellung neuer Mitarbeiter ist es wichtig, sich bewusst zu machen, dass die Führung eines jeden von ihnen bereits beim ersten mit ihm geführten Vorstellungsgespräch beginnt. Dies gilt auch und gerade in Hinblick darauf, dass sich diejenigen, die dieses Gespräch führen, jedenfalls bei mehreren Bewerbern, zu diesem Zeitpunkt meist noch gar nicht darüber im Klaren sind, welcher der am **Auswahlverfahren** beteiligten Kandidaten den Zuschlag erhalten wird und daher in dieser Situation normalerweise recht unbedacht mit ihnen umgehen. Für den letztlich ausgewählten Bewerber bzw. künftigen Mitarbeiter ist dieses Vorstellungsgespräch dagegen eine sehr außergewöhnliche und emotional höchst aufgeladene Situation, die er aus diesem Grund wahrscheinlich nie vergessen wird! Die Art und Weise, wie mit ihm gesprochen wurde, wird ihn also dann durch das ganze Beschäftigungsverhältnis begleiten. Demzufolge ist mit diesem Gespräch bereits die Basis für die künftige Beziehung zu dem Mitarbeiter und die Qualität der Zusammenarbeit mit ihm gelegt. Vor allem dann, wenn eine große Anzahl von Bewerbern in das Auswahlverfahren einbezogen wird, besteht aber die Gefahr, dass diese Gespräche routiniert und infolgedessen in der Wahrnehmung der Betroffenen recht oberflächlich ablaufen. Falls dabei, was gerade in dieser Lage oft der Fall ist, von der Arbeitgeberseite im Bewusstsein der eigenen Stärke auch noch Überheblichkeit zum Ausdruck kommt, kann dies auf Seiten der Bewerber natürlich nicht als wertschätzende Anerkennung (Grundbedürfnis auf Stufe 4) erlebt werden. Der letztlich ausgewählte Kandidat wird diese Erfahrung dann mit allen negativen Folgen für seine Identifikation und Motivation als kränkende Herabsetzung an den neuen Arbeitsplatz mitnehmen!

Um dieser Problematik zu begegnen, ist es hilfreich, **die eigene Einstellung bei den Bewerbergesprächen** grundsätzlich danach auszurichten, dass allen Bewerbern die gleiche Verhandlungsmacht zukommt, wie dem, der den Arbeitsplatz anbietet. Demnach gilt auch in dieser Situation wieder das Gebot, jedem Gesprächspartner „auf Augenhöhe" zu begegnen. Es macht einen großen Unterschied, ob man den Bewerbern bei Vorstellungsgesprächen nur „auf den Zahn fühlt", oder ob sie in der Haltung geführt werden, dass jeder einzelne von ihnen ebenso „die Wahl hat", ob er seine Arbeitskraft künftig auf der angebotenen Stelle einsetzen möchte oder nicht. Alle Bewerber sollten deshalb ausdrücklich dazu eingeladen werden, ebenfalls Fragen zu stellen, zu den Arbeitsbedingungen, den Aufgaben, ja auch zu den übergreifenden Zielen – und nicht nur zur Bezahlung und Anzahl der Urlaubstage! Ganz abgesehen von der Wertschätzung, die man ihnen auf diese Weise entgegen bringt, hat diese Art der Gesprächsführung zugleich den großen Vorteil, dass dabei auch deutlich werden kann, wie hoch der inhaltliche Anspruch und die Leistungsbereitschaft sind, die die Bewerber jeweils mitbringen.

Nach meiner Erfahrung ist es allerdings schwer, jedem Bewerber in gleichem Maße diese positiv zugewandte, interessierte Aufmerksamkeit zuzuwenden, wenn diese Gespräche „wie am Fließband" geführt werden. Andererseits wird es erheblich schwerer, eine sachgerechte Auswahlentscheidung zu treffen, wenn die Gespräche auf mehrere Tage verteilt werden, da über die unterschiedlichen Zeitabstände der jeweils gewonnene persönliche Eindruck verwischt wird, was einen fairen Vergleich weitgehend ausschließt. Besonders gilt dies in Fällen, in denen sich der Kreis der an den Gesprächen auf Seiten des Arbeitgebers beteiligten Personen zwischenzeitlich ändern kann. Daraus ergibt sich die Konsequenz, dass die Bewerbergespräche für die selbe Stelle möglichst auf maximal fünf Personen beschränkt und diese dann in gleicher Runde und enger zeitlicher Abfolge am selben Tag geführt werden sollten. Mit einer hohen Anzahl von Bewerbungen ist allerdings das Erfordernis verbunden, auf der Grundlage der eingereichten schriftlichen Unterlagen zunächst eine Vorauswahl zu treffen.

Auch **die Zusammensetzung der Runde**, in der die Vorstellungsgespräche geführt werden, bietet eine hervorragende Gelegenheit, sowohl den künftigen, vor allem aber auch den einbezogenen Mitarbeitern Anerkennung und Wertschätzung zu zeigen. Zudem führt es in aller Regel auch in der Sache zu einer besseren Entscheidung, wenn an der Auswahl auch Personen beteiligt sind, auf deren Arbeitsbedingungen sich diese unmittelbar auswirkt. Deshalb sollten neben den nächsten Vorgesetzten in geeigneten Fällen auch Kollegen der künftigen Mitarbeiter am Verfahren beteiligt werden. Ggf. kann sich dies dann auch positiv auf die künftige Zusammenarbeit im betreffenden Team auswirken. Zur Entwicklung eines gemeinsamen objektiven

Maßstabes kann es auch sinnvoll sein, die in die Runde einbezogenen Personen zur Vorbereitung der Gespräche aufzufordern, eine Liste mit den Kriterien für die konkrete Bewerberauswahl zu erstellen. Dies kann evtl. auch gemeinsam geschehen. Dadurch kann nicht nur die Qualität der Auswahlentscheidung, sondern zugleich auch die Kompetenz sowie die Bereitschaft der so beteiligten Mitarbeiter zur Übernahme von Mitverantwortung gefördert werden.

5.1.1 Für die einzelnen **Vorstellungsgespräche** und die daran anschließende **Auswahlentscheidung** empfehle ich folgenden **Ablauf**:

– Die Bewerber, die nach der Vorauswahl für die zu besetzende Stelle in Betracht kommen, werden der Reihe nach, zeitlich gestaffelt zu einem individuellen Termin geladen. Dabei kann auf Aspekte, wie die Entfernung der Anreise etc. Rücksicht genommen werden. Der Abstand zwischen den Terminen ist danach zu bemessen, mit welcher Tiefe und Intensität der Gespräche zu rechnen ist. So ist der Zeitaufwand für die Gespräche zur Besetzung einer Leitungsfunktion sicher erheblich größer, als der für die Einstellung z. B. einer Bürokraft. – Die Einladung mehrerer Bewerber zu einem gemeinsamen Sammeltermin ist ungünstig, da dies zwangsläufig eine Ungleichbehandlung der Bewerber, also auch eine Verzerrung der Beurteilungsgrundlage zur Folge hat. Denn es macht einen großen Unterschied, ob sich ein Bewerber gleich im Anschluss an seine Anreise vorstellen kann, oder ob er vor dem Gespräch noch einer längeren nervenbelastenden Wartezeit ausgesetzt ist. – In manchen Fällen kann es auch sinnvoll sein, vor den Vorstellungsgesprächen jeweils eine Information der Bewerber über den konkreten Arbeitsplatz vor Ort einzuplanen und damit jemanden zu beauftragen, der mit diesem vertraut ist und dort mit dem letztlich Ausgewählten künftig zusammenarbeiten muss. [84]

– Die Gespräche sollten dann zunächst mit einigen Worten des Dankes dafür, dass sich der Bewerber auf die ausgeschriebene Stelle beworben hat und der Einladung zur Vorstellung gefolgt ist, begonnen werden. Im Anschluss daran sind ihm – unter Angabe ihrer Funktion – alle Teilnehmer der Gesprächsrunde vorzustellen. Bereits mit dieser Begrüßung wird dem potentiellen künftigen Mitarbeiter vermittelt, dass ihn am angestrebten Arbeitsplatz ein wertschätzender Umgang erwartet (siehe oben).

– Im Anschluss sollten die Bewerber, noch bevor sie befragt werden, dazu eingeladen werden, sich in der Abfolge ihrer eigenen Gedanken selbst vorzustellen und dabei, über ihren Werdegang hinaus, insb. auch darauf einzugehen, weshalb sie sich auf die konkrete Stelle beworben haben und weshalb sie sich hierfür qualifiziert halten. Neben der Wertschätzung für die Bewerber bietet dieses Verfahren den Vorteil, dass der Eindruck, den man von ihnen dabei gewinnen kann, erheblich aussagekräftiger ist als der, den man durch eine reine Befragung erhält. Vor allem ist so in der Regel ein weit tieferer Einblick in die Persönlichkeit, den Erfahrungshintergrund, das Wertekonzept und die Motivationslage des jeweiligen Bewerbers zu gewinnen.

– Bei der daran anknüpfenden Befragung ist es sinnvoll, den am Gespräch beteiligten Mitarbeiten den Vorrang zu überlassen. Abgesehen von der Anerkennung für den Beitrag der Mitarbeiter, die so zum Ausdruck kommt, wird durch dieses Vorgehen der für die Entscheidung letztlich Verantwortliche weitgehend von der Gesprächsführung entlastet, so dass er sich in der Beobachtung des Gesprächsverlaufs leichter ein umfassendes Bild vom Bewerber machen kann. Sollten aus seiner Sicht danach noch Fragen offen bleiben, kann er diese immer noch nachtragen und ggf. auch gleich mit angemessenen Informationen über den weiteren Ablauf des Verfahrens und mit der Verabschiedung des Bewerbers verbinden.

Bei manchen Arbeitgebern, insbesondere größeren Firmen, Einrichtungen und Behörden, bei denen regelmäßig eine größer Anzahl neuer Mitarbeiter eingestellt wird, ist es üblich, zur Bewerberauslese ein sogenanntes **Assessment Center** (AC) durchzuführen. In diesen Fällen kommen in der Regel spezifische Verfahren und Kriterien zur Geltung, die auf die konkreten Anforderungen der zu besetzenden Arbeitsplätze zugeschnitten sind. In Hinblick darauf sehe ich davon ab, in diesem Buch differenziert auch auf dieses Thema einzugehen. Der von mir vorstehend empfohlene Ablaufplan wird sich in dem durch ein AC gesetzten großen Rahmen nur sehr selten umsetzen lassen. Im Sinne eines zeitgemäßen Führungsstils wäre es jedoch hilfreich, wenn alle, die berufen sind, an einem solchen zentralen Auswahlverfahren mitzuwirken, sich den Geist, die innere Haltung, die in diesem Plan zum Ausdruck kommt, zu eigen machen würden.

5.1.2 Für die Abstimmung der **Entscheidung**, welcher Bewerber den Zuschlag erhält, empfehle ich folgendes Vorgehen:

Solange sich nicht alle eingeladenen Bewerber vorgestellt haben, gilt es zu vermeiden, schon zwischendurch über die jeweils gewonnenen Eindrücke zu sprechen. Vor allem Äußerungen von Führungskräften zu diesem frühen Zeitpunkt können andere Beteiligte in einer Weise beeinflussen, dass sie am Ende zu einer unzutreffenden Gesamtbewertung kommen. – Erst nach Verabschiedung des letzten Bewerbers werden alle auf Seiten des Arbeitgebers an der Vorstellung Beteiligten aufgefordert, verdeckt die Rangliste zu notieren, nach der sie persönlich die Bewerber berücksichtigen würden. Diese Festlegung ist dann, beginnend mit dem in der Hierarchie letzten, der Reihe nach offen zu legen und zu begründen. Diese Reihenfolge soll dem vorbeugen, dass einzelne Mitarbeiter unter dem Eindruck der Äußerungen von Vorgesetzten gehemmt sind, ihre persönliche Einschätzung offen zum Ausdruck zu bringen. Der in der Runde Entscheidungsbefugte hat so die Möglichkeit, seine eigene Bewertung auf der Grundlage eines ungeschminkten Meinungsbildes aller Teilnehmer nochmal zu hinterfragen, einzelne der mitgeteilten Gesichtspunkte zur Diskussion zu stellen und dann schließlich eine möglichst sachgerechte und allseits akzeptierte Entscheidung zu treffen.

5.2 Neue Mitarbeiter integrieren

Die Phase zu Beginn eines Beschäftigungsverhältnisses bietet die einmalige Chance, gleichzeitig sowohl für das Gelingen der Eingliederung des neuen Mitarbeiters als auch für die Weiterentwicklung des Teams bzw. des ganzen Betriebes nachhaltig positive Akzente zu setzen. – Einerseits muss diese Anfangszeit dazu genutzt werden, die emotionale Basis für die Bindung des Betreffenden zu seinen neuen Kollegen und dem Arbeitsplatz sowie für seine Identifikation mit dem Arbeitgeber und dessen Zielsetzung zu legen, andererseits kann sein noch nicht durch Anpassung, Routine und Gewohnheit getrübter, unverstellter Blick auch dazu dienen, die Abläufe in seinem gesamten Arbeitsumfeld zu überdenken und positiv voranzubringen.

Es versteht sich von selbst, dass ein neuer Mitarbeiter mit den konkreten Bedingungen und Gepflogenheiten seines neuen Arbeitsplatzes noch nicht vertraut sein kann. Ein verhängnisvoller Fehler, der in Hinblick auf diesen Umstand aber leider sehr oft begangen wird, ist, dass „alte Hasen“ unter seinen Kollegen oder sogar Vorgesetzte ihn dies im Gefühl ihrer Überlegenheit als vermeintlichen Mangel spüren lassen. Die damit verbundene Kränkung schon zu Beginn, also zu einem Zeitpunkt, der beim Betroffenen selbst in aller Regel ohnehin noch von Unsicherheit und Selbstzweifeln begleitet ist, kann in der Folgezeit nur sehr schwer wieder kompensiert werden! Für die Anfangsphase eines jeden Beschäftigungsverhältnisses gilt deshalb das Gebot, den Grundbedürfnissen der neuen Mitarbeiter nach Orientierung, Zugehörigkeit und Anerkennung (Stufen 2, 3 und 4 der Bedürfnispyramide!) ein Höchstmaß an Aufmerksamkeit zuzuwenden!

Dieser Bedürfnislage kann und sollte insbesondere durch folgende Maßnahmen Rechnung getragen werden:

5.2.1 Eine freundliche **Begrüßung**, die beim Betreffenden spontan das Gefühl erzeugt, wirklich willkommen zu sein. Je nach den konkreten Umständen kann dies durch verschiedene Elemente geschehen, am wirkungsvollsten dann, wenn diese miteinander verbunden werden. Als solche Zeichen kommen in Betracht:

– Der Empfang durch den unmittelbaren Vorgesetzten, evtl. – mit diesem – sogar beim obersten Chef. Dabei sollte dem „Neuen“ bei einem Gespräch in angenehmer Atmosphäre Interesse für seinen Werdegang, seine Erwartungen und seine aktuelle Befindlichkeit entgegengebracht werden (Bedürfnis auf Stufe 4 nach Maslow).

– Die Überreichung eines Blumenstraußes (bei Mitarbeiterinnen) oder eines anderen Begrüßungsgeschenks und – soweit vorhanden – einer Mappe mit Unterlagen über Geschichte, Aufgabe, Struktur, Ziele etc. der den Arbeitsplatz tragenden Einrichtung sowie ein Einweisungsplan (siehe dazu im Anschluss unter 5.2.2! — Bedürfnisse auf den Stufen 2, 3 und 4 nach Maslow).

– Ein Rundgang durch den künftigen Arbeitsbereich in Begleitung einer Führungskraft zur Vorstellung bei den anderen Mitarbeitern und Kollegen und evtl. auch die Einführung im Rahmen einer Konferenz (Bedürfnisse auf den Stufen 2, 3 und 4 nach Maslow).

5.2.2 Eine großzügig bemessene **Zeit zur Einweisung** und Einarbeitung. Die Dauer dieser Phase ist an der Art der zu erbringenden Tätigkeit, der Größe des Arbeitsumfeldes und der Komplexität der Betriebsabläufe auszurichten. Im Sinn einer möglichst effektiven Nutzung dieser Zeit sollten dabei folgende Punkte berücksichtigt werden:

– Für die Einweisung sollte nach sachlichen Kriterien ein Plan erstellt und dem neuen Mitarbeiter begleitend ein sozial kompetenter Kollege als Ansprechpartner zugeordnet werden. Dies soll ihm nicht nur ermöglichen, die Strukturen und Betriebsabläufe rund um seinen Arbeitsplatz kennenzulernen, sondern vor allem auch seine künftigen „Mitspieler". Besonders effektiv ist es, wenn der Plan über das reine Kennenlernen hinaus auch bereits die Gelegenheit bietet, eine persönliche Beziehung zu diesen Kollegen aufzubauen (Stufen 2 und 3 nach Maslow).

– In diesem Zusammenhang ist darauf zu achten, dass allen Beteiligten, vor allem dem Betroffenen selbst klar ist, dass er in dieser Zeit noch keinerlei Arbeitsbeitrag zu erbringen hat. Die von ihm erwartete Leistung ist lediglich, sich eingehend mit dem neuen Arbeitsumfeld vertraut zu machen. Dabei muss allen bewusst sein, dass es in dieser Phase von Seiten des Neuen keine „dummen Fragen" geben kann, sondern allenfalls „dumme Antworten" von den Kollegen! – Eine so ausgefüllte Einweisungszeit ist eine überaus lohnende Investition; der neue Mitarbeiter wird sie in aller Regel durch eine hoch motivierte und qualifizierte Leistung mit Zins und Zinseszins zurückzahlen. Dieses intensive gegenseitige Kennenlernen dient somit nicht nur ihm, sondern ebenso auch allen Kollegen und damit dem Arbeitserfolg des ganzen Teams!

– Sollte es in besonderen Fällen aus unabweisbaren Gründen notwendig sein, bereits in dieser Anfangsphase auf die Arbeitskraft des neuen Mitarbeiters zurückzugreifen, ist es dringend angeraten, seine Arbeitstage für einen angemessen verlängerten Zeitraum wenigstens planmäßig zu teilen, etwa in ½ Tag Arbeit und ½ Tag für die Einweisung und Information.

5.2.3 Diese Anfangsphase kann schließlich bei einem Gesprächstermin mit dem Vorgesetzten ihren **Höhepunkt und Abschluss** finden.

Sehr zielführend ist es, den Mitarbeiter in diesem Gespräch dazu aufzufordern, ungeschminkt seine im Zuge der Einweisung gewonnenen Eindrücke und Erfahrungen mitzuteilen. Abgesehen von der ganz besonderen Wertschätzung, die er dadurch erfährt (Bedürfnisse nach Stufen 3 und 4 nach Maslow), bieten die daraufhin evtl. angesprochenen Wahrnehmungen und Wünsche des neuen Mitarbeiters dem Vorgesetzten mögliche Ansatzpunkte und wertvolle Anregungen, um Schwachstellen auszuräumen und Betriebsabläufe zu optimieren.

5.3 Konferenzen

Jede Führungskraft hat – gelegentlich oder regelmäßig – die Aufgabe, Besprechungen mit Mitarbeitern oder auch Konferenzen unter Beteiligung weiterer Personen anzusetzen und durchzuführen. Diese Zusammenkünfte sind für die Rolle, die Führungskräfte einnehmen und für die Autorität, die ihnen von den Mitarbeitern zugewiesen wird, von herausragender Bedeutung. Dies liegt schon allein daran, dass alles, was Führungskräfte in dieser Situation sagen und tun, mit der Anzahl der Teilnehmer multipliziert wahrgenommen und anschließend dann auch kommuniziert, gemeinsam bewertet und dadurch verstärkt wird. Soweit einzelne Teilnehmer unmittelbar angesprochen und betroffen sind, ist die Wirkung im Beisein von Dritten besonders intensiv und nachhaltig! So ist sicher, dass ein Mitarbeiter, der in Anwesenheit von Kollegen kritisiert wird, dies niemals mehr vergessen und verzeihen wird. Während ein in dieser Situation an ihn adressiertes Lob den Betroffenen sicher besonders freut, kann dies auf der Seite seiner Kollegen genau das Gegenteil bewirken. Der Grund für diese heftigen Affekte ist, dass jeder Teilnehmer im Rahmen von Zusammenkünften noch weit mehr als im sonstigen Arbeitsalltag auf Anerkennung und seinen Status im Kollektiv bedacht ist (Stufe 4 nach Maslow). Eine Kränkung schmerzt vor diesem Hintergrund besonders und richtet deshalb auf Dauer einen kaum mehr zu heilenden Schaden an! Bei Konferenzen, an denen auch externe Personen teilnehmen, kommt noch dazu, dass alle Mitglieder der eigenen Mannschaft vom Vorgesetzten erwarten, dass er nicht nur das Kollektiv würdig repräsentiert, sondern ebenso, dass er auch ihre individuellen Interessen wirkungsvoll vertritt. Neben der Aufgabe, die Diskussion zu moderieren und die darin behandelten Themen einem guten Ergebnis zuzuführen, muss ein Konferenzleiter somit einer Vielzahl zusätzlicher Erwartungen gerecht werden. Bei derart hohen Anforderungen ist es kaum möglich, Fehler gänzlich auszuschließen. Umso wichtiger ist es, sich als Führungskraft mit Blick auf Konferenzen an sicheren Leitlinien orientieren zu können, die helfen, wenigstens größere Fehler zu vermeiden. Diesem Bedarf sollen die folgenden **Empfehlungen** Rechnung tragen.

5.3.1 Im Vorfeld von Zusammenkünften ist zunächst zu bedenken, welcher Zweck ihnen für den Arbeitsprozess jeweils zukommt, welche Rolle man selbst dabei einnehmen möchte und ob eine Vorbereitung möglich und sinnvoll ist. Zu unterscheiden ist vor allem danach, ob es sich dabei um einen in kurzen Abständen, evtl. sogar täglich vorgesehenen sog. „Jour fixe" handelt, der vor allem dem Austausch aktueller Informationen dient, um eine plan- und regelmäßige Besprechung zur gemeinsamen Lösung von Problemen, oder aber um eine Konferenz, die im Hinblick auf einen besonderen Anlass einberufen wird. Diese diversen Formate unterliegen naturgemäß auch unterschiedlichen Gesetzmäßigkeiten, so dass sie hier differenziert anzusprechen sind.

– **In kurzer Abfolge angesetzte regelmäßige Treffen** (z. B. Früh-, Schichtübergabe- oder Tagesschlussbesprechungen) sind, da ihre Inhalte vor allem durch die aktuellen Geschehnisse diktiert werden, einer inhaltlichen Vorbereitung weitgehend entzogen. Das Interesse der Beteiligten ist meist darauf gerichtet, dass hierfür möglichst wenig Zeit in Anspruch genommen wird. Diese Treffen unterliegen stets dem Drang der Teilnehmer, entweder möglichst rasch zur individuellen Arbeit oder aber nach Hause zu kommen! Als Verantwortlicher ist man deshalb gut beraten, im Normalfall auf einen stringenten Ablauf zu achten. Dem kommt entgegen, wenn der Ort der Zusammenkunft so gewählt wird, dass er nicht dazu anregt, dort „Wurzeln zu schlagen". Dieser erwünschte Effekt wird noch verstärkt, wenn sich die Teilnehmer im Stehen zusammen finden. In diesem Fall ist allerdings darauf zu achten, dass man für sich selbst nicht das Privileg eines Sitzplatzes in Anspruch nimmt, da damit ein geradezu provokantes Signal hierarchischer Distanz gesetzt würde. – Sollte absehbar ein konkreter

Anlass bestehen, diesen Rahmen ausnahmsweise für die eingehende Erörterung eines Problems zu nutzen, empfiehlt es sich, dies wenn möglich vorab anzukündigen und dabei auch den Grund bzw. das Thema mitzuteilen, damit sich alle Beteiligten darauf einstellen können. Dies dient nicht nur der Akzeptanz und Aufwertung ihrer Rolle im Team, sondern zugleich auch der Qualität des von den Mitarbeitern erwarteten inhaltlichen Beitrags.

– Anders verhält es sich bei zwar ebenfalls regelmäßigen, aber nur einmal wöchentlich oder auch seltener anberaumten **Teamsitzungen**. Diese dienen nicht nur dem reinen Informationsaustausch, sondern sollen auch zur gemeinsamen Lösung von Problemen sowie besonders zur Teambildung beitragen. Diese Funktion können sie nur dann erfüllen, wenn es allen Beteiligten ein Anliegen ist, daran auch selbst teilzunehmen, um sich über Fragen, die sich ihnen stellen, mit den Kollegen auszutauschen. Dieser Motivation ist dadurch Rechnung zu tragen, dass – anders als bei einem Jour Fixe – für ein möglichst angenehmes Umfeld gesorgt wird. In erster Linie ist dies durch die Wahl eines geeigneten Raumes zu bewerkstelligen. Evtl. können auch Speisen und Getränke bereitgestellt werden. Besonders wichtig bei diesem Besprechungsformat ist jedoch, dass sich alle Beteiligten auf einen regelmäßigen, festen Termin verlassen können. Nur dann ist mit einer weitgehend vollzähligen Teilnahme zu rechnen und nur dann sind die Teilnehmer motiviert, die zwischen den Terminen auftauchenden Probleme dort überhaupt einzubringen, um sie nach Möglichkeit einer gemeinsamen Lösung zuzuführen. Die leider bei Führungskräften weit verbreitete Unsitte, diese Termine dem eigenen Bedarf folgend kurzfristig zu verschieben oder abzusagen, führt fast zwangsläufig dazu, dass die Mitarbeiter gehalten sind, immer wieder mal kurzfristig selbst zu entscheiden, statt ihre Lösungsstrategien auf die Kompetenz des Teams auszurichten. Die Konsequenz daraus ist, dass die Besprechungen und mit ihnen der erwünschte gruppendynamische Effekt inhaltlich verkümmern. Das Dilemma, dem Vorgesetzte durch kurzfristige Überschneidungen ihrer Termine bisweilen ausgesetzt sind, sollte statt dessen dadurch aufgelöst werden, dass diese sich in der Besprechung vertreten und im Anschluss daran über den Verlauf und die Ergebnisse informieren lassen.

Was die **inhaltliche Vorbereitung** auf solche Sitzungen betrifft, sollten Sie sich für jedes Thema, das Sie selbst einbringen möchten, vorher klar werden, ob und wie weit für Sie die Lösung bereits fest steht. Stellen Sie Entscheidungen nur dann zur Diskussion, wenn Sie bereit sind, auch Lösungen zu akzeptieren, die von Ihren vorgefassten Vorstellungen abweichen! Für die Runde Ihrer Mitarbeiter ist es frustrierend, eine Scheindebatte zu führen, auf deren Ergebnis Sie sich erkennbar zuvor bereits festgelegt haben! Diese Missachtung des von den Mitarbeitern geleisteten Beitrags, würde auf Dauer nur dazu führen, dass sich diese in künftigen Fällen nicht mehr ernsthaft an der gemeinsamen Lösung von Problemen beteiligen und innerlich aus dem Team zurückziehen. Im Gegensatz dazu wird es in aller Regel jedoch gut akzeptiert, wenn Führungskräfte die anstehenden Probleme lediglich referieren und darüber informieren, wie sie sich die Lösung vorstellen. Es ist deshalb sinnvoll, für jeden Besprechungspunkt vorab deutlich zu machen, ob der Wunsch besteht, dass dazu eine gemeinsame Meinungsbildung bzw. Entscheidungsfindung stattfindet, oder lediglich die Absicht, die Mitarbeiter über ein anstehendes Problem und die dafür vorgesehene Lösung in Kenntnis zu setzen.

– Das dritte Format, **anlassbezogene Konferenzen,** nehmen – wenn es der Anlass bzw. die Situation zeitlich zulässt – in der Vorbereitung den größten Aufwand in Anspruch. Dies gilt vor allem dann, wenn daran auch teamfremde Personen teilnehmen sollen. Meine dringende Empfehlung geht dahin, die Mitarbeiter schon im Vorfeld so intensiv wie nur möglich in die Planung, Gestaltung und Durchführung einzubeziehen! Auf diese Weise wird nicht nur die Belastung auf mehrere Schultern verteilt, sondern zugleich auch erreicht, dass sich die Mitarbeiter im weiteren Verlauf stark mit den Inhalten und dem Ergebnis der Konferenz identifizieren. Es kann sogar in Betracht gezogen werden, auch die Leitung der Diskussion aufgeteilt nach Themen oder Beiträgen auf verschiedene Mitarbeiter zu delegieren. Besonders in den Fällen, in denen die Veranstaltung nicht auf das eigene Team beschränkt ist, kann sich dies enorm positiv und nachhaltig auf die Stimmung und den Zusammenhalt der gesamten Mannschaft auswirken.

5.3.2 Auch für **die generellen Rahmenbedingungen** gelten Regeln, die aus den Gegebenheiten des menschlichen Gehirns bzw. der Psyche abgeleitet werden können.

– Das Erfordernis, auf die Wahl eines angemessenen Raumes zu achten, wurde oben bereits angesprochen. Über die gezielte Wahl des Raumes hinaus kommt jedoch vor allem auch der **Sitzordnung** eine besondere, den Prozess des Austausches und die Identifikation der Teilnehmer mit dem Ergebnis vorbestimmende Bedeutung zu!

Vielleicht ist Ihnen schon mal aufgefallen, wie unterschiedlich die politische Meinungsbildung und die diesbezüglichen Rituale in Staaten inszeniert sind, je nach dem, ob es sich um eine autoritär oder aber demokratisch geführte Gesellschaft handelt. Es ist kein Zufall, dass z. B. in den Scheinparlamenten Nordkoreas oder der Volksrepublik China die Machthaber frontal weit abgesetzt von den sonstigen Vertretern der Gesellschaft ihren Platz haben! Im Gegensatz dazu werden die Entscheidungen bei den internationalen Organisationen, so auch in der UNO, bei denen Hierarchien keine Rolle spielen, oft an runden Tischen getroffen. Ein besonders markantes Beispiel hierfür ist der legendäre, ausdrücklich auch so genannte „Runde Tisch" in der Schlussphase der DDR. – Wir haben uns daran gewöhnt, dass Besprechungen an unseren Arbeitsstätten in der Regel an rechteckigen Tischen stattfinden. Dies macht ja mit Rücksicht auf die architektonischen Gegebenheiten in unseren Gebäuden auch durchaus Sinn. Dabei wird allerdings übersehen, dass diese verschiedenen Sitzordnungen über unser Gehirn unbewusst auch eine unterschiedliche Wirkung auf die sozialen Prozesse entfalten, die unter diesen Bedingungen stattfinden. In Hinblick auf diese Auswirkungen ist es sinnvoll, auch in den bei uns meist rechteckigen Räumen möglichst Strukturen zu schaffen, die dem erwünschten Erfolg von Besprechungen förderlich sind. Auch der Kriegsrat der nordamerikanischen Indianer hat entsprechend der Form ihrer Zelte in einem Sitzkreis stattgefunden. Dies gilt ebenso für andere Naturvölker, die sich um ein Feuer versammeln, aber auch für frühe Kulturen in Europa, wie die an bestimmten Stellen auf dem Balkan und sogar auch in Oberbayern im Freien angelegten und offenbar als Versammlungsplatz genutzten Steinkreise zeigen.

Beratungsplätze in Montenegro. Sie sind dort als *„Guvno"* bis heute ein typischer Bestandteil der Kultur.

Steinkreis auf einer Anhöhe im Bereich der Gemeinde Schleching in Oberbayern

Man kann davon ausgehen, dass das Wort der Ältesten im Kriegsrat von Indianern deutlich mehr Gewicht hatte, als es gehabt hätte, wenn sie dem Häuptling frontal gegenüber gesessen hätten. Aus der kreisförmigen Sitzordnung folgt aber nicht nur ein stärkerer Einfluss der Beteiligten auf die Meinungsbildung, sondern auch, dass sich diese im wahrsten Sinne des Wortes in die dort getroffenen Entscheidungen „eingebunden" fühlen. Die kreisförmige Sitzordnung hat also nicht nur einen positiven Effekt auf die Qualität der Beratung und der dabei erzielten Ergebnisse sondern über die Grundbedürfnisse der Teilnehmer (auf den Stufen 3 und 4 nach Maslow) zugleich auch auf deren Motivation und Leistungsbereitschaft!

Daraus leite ich die Empfehlung ab, überall da, wo dies räumlich möglich ist, runde oder wenigsten weitgehend gleichseitige Besprechungstische zu nutzen oder die Tische in dieser Form anzuordnen. Denn durch eine rechteckige Anordnung werden alle Teilnehmer dazu verleitet, eine ihrer Position in der Hierarchie entsprechenden Platz einzunehmen, was mit allen negativen Folgen für die Motivation der Mitarbeiter, die Qualität der Zusammenarbeit und das gemeinsame Arbeitsergebnis eine Verfestigung hierarchischer Strukturen bewirkt.[85] Für den Fall, dass nur ein rechteckiger Konferenztisch zur Verfügung steht und sich dies auch nicht ohne weiteres ändern lässt, geht meine Empfehlung dahin, auch als Vorgesetzter gelegentlich einfach einen Platz abseits der Spitzenposition des Tisches einzunehmen. Ggf. wird Sie überraschen, welche Wirkungen dies auf die Stimmung und die Abläufe Ihrer Besprechungen haben wird. Ich garantiere Ihnen, dass nach einer anfänglichen Phase von Verunsicherung der übrigen Teilnehmer die Lebhaftigkeit und Kreativität der Gesprächsrunde rasant an Fahrt aufnehmen wird.

An dieser Stelle ist ein genereller Punkt anzusprechen, aus dem manche Probleme erwachsen: Das ist die vor allem bei jüngeren Führungskräften verbreitete Angst, von ihren Mitarbeitern in ihrer Rolle (noch) nicht ernst genommen und respektiert zu werden, und das daraus folgende Bedürfnis, die Funktion als Vorgesetzter bei jeder sich bietenden Gelegenheit immer wieder aufs Neue besonders herauszustellen. Dies ist ein fataler Fehler, der genau das Gegenteil des damit Bezweckten bewirkt! Mein dringender Appell in solchen Fällen lautet deshalb, sich bewusst zu machen: *„Sie sind bereits Vorgesetzte(r) und Ihre Mitarbeiter wissen es auch; Sie müssen es deshalb nicht immer wieder demonstrieren!“* – Also bitte keine Sorge, wenn Sie nicht den Spitzenplatz am Tisch oder den neben dem Chef einnehmen! In den Augen Ihrer Mitarbeiter werden Sie dadurch nur gewinnen. Hier gilt ohne jede Einschränkung der bekannte Satz aus der Bibel (Matthäus 23,11 und 12 sowie Lukas 14,11): *“Der Größte unter euch soll euer Diener sein. Denn wer sich selbst erhöht, der wird erniedrigt; und wer sich selbst erniedrigt, der wird erhöht*.“

Schließlich sei hier auch noch eine Entwicklung angesprochen, der unter dem Eindruck der Coronapandemie seit dem Jahr 2019 hohe Aktualität und erhebliche praktische Bedeutung zukommt – die zunehmende Praxis, **Konferenzen** und andere Zusammenkünfte nicht in körperlicher Anwesenheit der Teilnehmer, sondern nur mehr **online über Video** zu organisieren. Die wissenschaftliche Aufarbeitung der Wirkungen und Konsequenzen dieses sicher nachhaltigen Wandels in der Unternehmenskultur steht zum Zeitpunkt der Entstehung dieses Buches noch ganz am Anfang. Die absehbar nicht unerheblichen Folgen können hier somit noch nicht umfassend gewürdigt werden. Eine erste, hochaktuelle und m. E. durchaus beachtliche Studie soll an dieser Stelle jedoch nicht unerwähnt bleiben: Im April 2022 wurde von einer Vielzahl deutschsprachiger Medien eine Meldung der Deutschen Presse-Agentur (dpa) [86] verbreitet, wonach bei einer in zwei US-amerikanischen Universitäten erstellten Studie festgestellt wurde, dass die Teilnehmer virtueller Besprechungen erkennbar weniger kreative Ideen einbringen, als dies regelmäßig der Fall ist, wenn sich diese in einem Raum zusammenfinden. Dieses Ergebnis kann vor dem Hintergrund meiner vorstehenden Ausführungen zur Sitzordnung in Räumen eigentlich nicht überraschen. – Natürlich ist der aus den Erfahrungen der beiden letzten Jahre erwachsene aktuelle Trend zum Homeoffice nicht mehr aufzuhalten; er bietet ja auch einige wesentliche Vorteile. Dies gilt insb. in Hinblick auf die damit möglichen Einsparungen an Kosten und Reisezeiten sowie in manchen Fällen auch wegen der besseren Vereinbarkeit von Familie und Beruf. Wenn standortübergreifende Zusammenkünfte betroffen sind, kommt dem Verzicht auf die Reisetätigkeit – in der Summe – außerdem auch unter dem Aspekt der wegen der Klimakrise gebotenen Einsparung an CO^2 eine beachtliche Bedeutung zu. Insoweit zur Entscheidung befugte Vorgesetzte werden in Zukunft daher i. d. R. nicht mehr auf diese Möglichkeit verzichten wollen und können. – Eine Schlussfolgerung scheint mir allerdings bereits heute möglich und zulässig: Virtuelle Konferenzen und Besprechungen sind nur dann sinnvoll, wenn den o.g. Vorteilen unter den konkreten Umständen deutliches Übergewicht zukommt. Immer dann, wenn es bei der anstehenden Besprechung maßgeblich (auch) auf die Entwicklung kreativer Ideen ankommt, sollte auf die persönliche Anwesenheit der Teilnehmer jedoch möglichst nicht verzichtet werden.

– Auch das **Zeitmanagement** von Besprechungen verdient Aufmerksamkeit. Extrem wichtig dabei ist vor allem die Berechenbarkeit und Verlässlichkeit des Zeitrahmens. Es ist kein Zeichen von Dominanz oder Pedanterie, wenn Sie darauf bestehen, dass alle Mitarbeiter pünktlich zum festgesetzten Termin erscheinen und dann auch bis zum vorgesehenen Ende dabei bleiben! Das gilt natürlich auch für Sie selbst als Vorbild. Die herausragende Bedeutung des Vorbilds für den Erfolg von Führung wurde ja bereits mehrfach angesprochen (Kap. 3, S. 46 f., Kap. 4, S. 72 und Kap. 8 unter W, S. 148). Selbstverständlich ist es nicht gänzlich auszuschließen, dass es wegen besonderer Umstände gelegentlich auch zu unvermeidlichen Ausnahmen kommt. In derartigen Fällen sollte es dann allerdings zur Teamkultur gehören, den anderen Anwesenden die Gründe hierfür mitzuteilen. – Für diese konsequente Handhabung gibt es mehrere gewichtige Argumente: Zunächst – ganz praktisch, dass anderenfalls in der Summe aller Teilnehmer eine große Menge wertvoller Arbeitszeit vergeudet wird. Hinzu kommt eine Reihe weiterer, psychischer Effekte, die gar nicht überschätzt werden können. So ist es eine grobe Missachtung aller anderen Teilnehmer und derer Grundbedürfnisse auf Stufe 4 nach Maslow, wenn Einzelne für sich Sonderrechte in Anspruch nehmen! Jeder, der auf einer Gruppenreise schon mal eine halbe Stunde über die festgelegte Abfahrtszeit hinaus im Bus warten musste, bis Mitreisende in aller Seelenruhe noch ihr Frühstücksei gegessen hatten, weiß genau, wie schlecht sich dies für alle anderen anfühlt. Es liegt also auf der Hand, dass sich solche Sondertouren negativ auf die Arbeitsatmosphäre, die Bereitschaft zur Zusammenarbeit und letztlich die gemeinsam zu erbringende Leistung auswirken. Am Ende bleibt es ggf. dann auch nicht aus, dass andere Teilnehmer mehr und mehr diesem schlechten Vorbild folgen – und sei es nur, um die Zeit zu effektiver Arbeit zu nutzen. Auf Dauer hätte dies unvermeidlich einen allgemeinen Verfall von Disziplin und Arbeitsmoral zur Folge. Das Problem lässt sich auch nicht dadurch lösen, die Besprechungen regelmäßig nur mit den anwesenden Mitarbeitern zu beginnen bzw. zu Ende zu bringen, da darunter letztlich der Informationsstand und Arbeitserfolg des ganzen Teams leiden würden, zumal sich so alle Teilnehmer ermutigt fühlen könnten, den Sitzungen gelegentlich ganz fern zu bleiben, wenn sie meinen, gute Gründe dafür zu haben.

Diese Verbindlichkeit sollte nicht nur für einen pünktlichen Beginn gelten, sondern – jedenfalls unter normalen Umständen – gleichermaßen für den Zeitpunkt, zu dem Besprechungen enden. Selbstverständlich kann niemand etwas dagegen haben, wenn eine Konferenz eher zum Ende kommt, als zunächst vorgesehen. Die Überschreitung des vereinbarten Endzeitpunkts ist jedoch möglichst zu vermeiden! Denn es hat ebenfalls einen mehrfach negativen Effekt, wenn sich die Teilnehmer nicht auf ein pünktliches Ende von Zusammenkünften verlassen können. Abgesehen von der ggf. auch hier i. d. R. wenig effektiv genutzten Zeit wirkt es sich auf die Motivation, Konzentration und Disziplin aller Beteiligten und damit wiederum auch auf das Ergebnis von Besprechungen nachteilig aus, wenn sie im Geist unverbindlicher „Endlosschleifen" geführt werden. Ein unsicheres Ende von Besprechungen hat außerdem die Konsequenz, dass alle Teilnehmer an einer sicheren Planung ihres restlichen Tages gehindert werden, was sich wiederum ungünstig auf eine möglichst effektive Nutzung der Arbeitszeit und ihre Motivation auswirken kann. Eine zusätzliche Gefahr besteht darin, dass Teilnehmer Besprechungspunkte und Themen, die mit negativen Emotionen, insb. Ängsten verbunden sind, „vor sich her" schieben. Wenn sie dann, wenn überhaupt, erst gegen Ende der Sitzung zur Sprache kommen, hat dies regelmäßig zur Folge, dass die Diskussion und Klärung einerseits unter der Mangel der nachlassenden Konzentration aller Teilnehmer leidet und andererseits, dass diese sich über den vorgesehenen Zeitrahmen hinaus erheblich länger hinzieht. Der Neigung von Teilnehmern, ihnen unangenehmen Themen möglichst lange Zeit auszuweichen, kann und sollte der Konferenzleiter ohnehin generell dadurch Rechnung tragen, dass er zu Beginn jeder Besprechung durch Rundfrage klärt, welche Punkte anstehen. Dies bietet ihm zudem die Möglichkeit, sie vorab nach Dringlichkeit und Besprechungsaufwand zu ordnen.

– Es versteht sich von selbst und entspricht der Tradition der meisten Firmen, Behörden und Einrichtungen, dass die **Leitung von Besprechungen** in der Regel der ranghöchsten anwesenden Person obliegt. Dies muss allerdings nicht so sein! Eine davon abweichende Praxis kann für den Diskussionsverlauf und die erzielten Ergebnisse sogar von Vorteil sein. So bietet die Delegation der Konferenzleitung dem Vorgesetzten die Möglichkeit, sich entlastet von der Rolle des Moderators selbst freier in die sachliche Debatte einzubringen. Bei spezifischen Themen kann es sinnvoll sein, dass jemand die Leitung der Diskussion übernimmt, der mit der speziellen Problematik besser vertraut ist, als der Chef. In derartigen Fällen ist auch in Betracht zu ziehen, die Gesprächsleitung reihum im Wechsel jeweils solchen Mitarbeitern zu übertragen, die auch im übrigen individuell mit der konkreten Thematik befasst und vertraut sind. Denkbar ist es auch, die Übertragung der Leitungsfunktion auf einen Mitarbeiter als eine willkommene Möglichkeit zu nutzen, gezielt ein Zeichen besonderer Wertschätzung zu setzen, um ihn zu fördern. Die Leitungsfunktion in Konferenzen ist jedenfalls nicht unbedingt mit dem hierarchischen Status eines Vorgesetzten verknüpft. Vielmehr gilt wie schon bei der Sitzordnung auch hier erneut wieder die Feststellung, dass es sich eine starke Führungskraft immer und überall leisten kann, auf die üblichen Herrschaftsrituale zu verzichten. Sie wird dadurch sicher nur an Autorität gewinnen.

5.3.3 Ergänzend hier noch einige **allgemeine Grundsätze**:

– Gemeinsame Besprechungen dürfen unter keinen Umständen der Ort für die „Abrechnung“ mit einzelnen Mitarbeitern sein, ganz gleich, wodurch sie Anlass zu Kritik geben oder gegeben haben! Neben der oben bereits angesprochenen Gefahr einer irreparablen Kränkung muss auch in Betracht gezogen werden, dass sich ggf. zumindest einige Kollegen mit dem Betroffenen solidarisieren werden, selbst dann, wenn sie das angesprochene Fehlverhalten selbst durchaus kritisch bewerten. Abgesehen davon, dass fast alle Mitarbeiter unter den Kollegen auch Freunde haben, ist diese Identifikation eine fast zwingende emotionale Reaktion in Projektion ihrer eigenen vergleichbaren Rolle im Team. Folglich ist konsequent darauf zu achten, dass **Kritik an einzelnen Mitarbeitern** und entsprechende Gespräche mit ihnen grundsätzlich nur unter vier Augen stattfinden. In besonderen Fällen kann evtl. auch noch ein weiterer Vorgesetzter zugezogen werden. Einen Mitarbeiter im Beisein von Kollegen offen zu kritisieren, ist jedenfalls der sicherste Weg, ihn für immer „zu verlieren“ und im ganzen Team eine angstbesetzt lähmende sowie demzufolge auch motivations- und leistungshemmende Atmosphäre zu erzeugen. [87]

– Es gibt – zum Glück relativ selten – auch Fälle, in denen Mitarbeiter in einer Konferenz ihrerseits mit unsachlicher Kritik auf einen Vorgesetzten losgehen. Wenn es dem Betroffenen in dieser Situation auch schwer fallen mag, ist es wichtig, sich dadurch nicht provozieren und dazu hinreißen zu lassen, den **Konflikt vor den Kollegen** auszutragen! Vielmehr ist es geboten, strikt zwischen dem persönlichen Angriff und dem möglicherweise sachlichen Anteil des Beitrags zu unterscheiden und dies für alle erkennbar auch deutlich zu machen. [88] Denn wenn der angegriffene Vorgesetzte „zurück schießt", wird dies in aller Regel dazu führen, dass sich die anderen Kollegen mit dem unsachlichen Akteur solidarisieren. Der sachliche Kern der Kritik kann und sollte jedoch in aller Ruhe besprochen und einer Lösung zugeführt werden. Dabei ist aber unbedingt darauf zu achten, dass der persönliche Anteil aus der Besprechung herausgehalten wird. Falls dies nicht gelingt, kann der angegriffene Vorgesetzte nur verlieren. – Die entscheidende Frage ist, weshalb der betreffende Mitarbeiter in dieser Form auffällig wird. Dafür kann es grundsätzlich nur zwei Erklärungen geben: Ein Grund kann sein, dass mit seinem Verhalten das Streben nach einem höheren Status in der informellen Hierarchie des Kollegiums (der sog. „Hackordnung") zum Ausdruck kommt. In diesen Fällen ist es wichtig, sich bewusst zu machen, dass es sich dabei i. d. R. um ein in der evolutionären Entwicklung angelegtes unbewusstes Verhalten handelt. Die andere, weitaus wahrscheinlichere Möglichkeit ist, dass dem provokanten Verhalten eine Kränkung des betreffenden Mitarbeiters durch den Vorgesetzten vorausgegangen ist, wobei diesem die Hintergründe oft gar nicht bewusst sind. In beiden Fällen können diese persönlichen Anteile im Rahmen einer Konferenz sicher nicht angemessen behandelt werden. Wie grundsätzlich mit derartigen Situationen umzugehen ist, wird in den Abschnitten **5.6** „Konflikte mit Mitarbeitern" und **5.7** „Umgang mit schwierigen Mitarbeitern" noch behandelt. In der konkreten Lage reicht es völlig aus, kurz und knapp zum Ausdruck zu bringen, dass man mit dem Verhalten nicht einverstanden ist, jedoch im Rahmen der Konferenz nicht darüber sprechen möchte. Vorgesetzten, denen es schwer fällt, in einer solchen Situation die Gefühle im Zaum zu halten, kann es helfen, sich vor Augen zu führen, dass sie kraft Amtes die stärkere Position einnehmen, es also nicht nötig haben, sich auf offener Szene mit Mitarbeitern zu messen. Auch hier gilt also wieder der Grundsatz, dass es sich starke Führungskräfte leisten können, darauf zu verzichten, ihre Position gezielt herausstellen (s. o. unter den Stichworten „Sitzordnung“, Seite 86 und „Leitung von Besprechungen“, Seite 90).

– Schließlich ist der Blick im Zusammenhang mit Besprechungen und Konferenzen noch auf den **Umgang der Mitarbeiter untereinander** zu richten. – Im Kern war dieses Thema auch bereits Gegenstand der Überlegungen in Kapitel 4. Dort stand allerdings im Fokus, wie sich das Verhalten der Führungskräfte selbst unmittelbar auf die Gesundheit, Befindlichkeit, Motivation und Leistung ihrer Mitarbeiter auswirkt. Diese Faktoren werden jedoch nicht nur durch das Verhalten der Vorgesetzten, sondern maßgeblich auch dadurch beeinflusst, wie die Mitarbeiter unter sich miteinander umgehen. Jeder Vorgesetzte ist deshalb dazu angehalten, darauf Einfluss zu nehmen, wenn er Erfolg haben will. [89] Da dies naturgemäß aber kaum möglich ist, solange die Mitarbeiter unter sich sind, gilt es, hierfür die gemeinsamen Termine zu nutzen. Dies ist der Grund dafür, das Thema auch an dieser Stelle nochmals anzusprechen.

Den drei Punkten, die ich hier (nochmal) in den Blick rücken möchte, liegt in erster Linie das Grundbedürfnis aller Mitarbeiter nach Zughörigkeit und Zuwendung (Stufe 3 nach Maslow) zugrunde und – z. T. in einer gewissen Konkurrenz dazu – auch das nach Wertschätzung und Anerkennung (Stufe 4 nach Maslow). [90]

Beim ersten dieser drei Punkte spielt diese Konkurrenz jedoch keine Rolle, weil hier beide Bedürfnisse zusammenwirken. Dem entsprechend gravierend ist die Wirkung, wenn sie verletzt werden! Dieser erste, wichtige Aspekt betrifft die Tatsache, dass in Gruppen stets die **Gefahr** besteht, **dass einzelne Mitglieder in eine Außenseiterrolle geraten** oder – noch schlimmer – von den anderen sogar gezielt dorthin gebracht werden. Diese Problematik und die verheerenden Folgen für den Betroffenen sowie letztlich für das ganze Team und dessen Arbeitsergebnis sind auf den Seiten 59 ff. eingehend dargelegt. Demnach gilt das folgende Prinzip:

Ich begegne all meinen Mitarbeitern in gleicher Weise mit Respekt fair und gerecht und unterbinde konsequent jede Kränkung oder Ausgrenzung einzelner Mitarbeiter durch andere.

Um diesem Prinzip gerecht zu werden, ist es wichtig, auch noch einen weiteren Grundsatz zu beachten, der – oft arglos und ohne jede böse Absicht (!) – leicht übersehen und verletzt wird:

Ich beteilige mich nicht an Frotzeleien unter den Mitarbeitern und enthalte mich jeglicher „Witze" zu deren Lasten.

Diesem Grundsatz liegt die Erfahrung zugrunde, dass Äußerungen, die von Vorgesetzten als Witz gedacht sind, von den Betroffenen oft als Herabwürdigung erlebt werden, da sie einem Vorgesetzten nicht in gleicher Weise „zurückzahlen" können wie den Kollegen.

Der zweite Punkt, die **Rivalität und Konkurrenz unter den Mitarbeitern** bzw. die Gefahr, dass beides negative Folgen für die Zusammenarbeit und das Arbeitsergebnis haben kann, wurde auf den Seiten 64 und 66 im Zusammenhang mit öffentlichem Lob bzw. mit einer evtl. Gewährung von materiellen Vorteilen und Gratifikationen bereits angesprochen. Sehr viele Führungskräfte dürften jedoch der bei oberflächlicher Betrachtung durchaus naheliegenden Vorstellung folgen, dass sich eine „gesunde" Konkurrenz eher positiv auf das Gesamtergebnis der Gruppe auswirkt und deshalb versucht sein, eine solche sogar zu fördern. Diese Vorstellung ist jedoch im Grundsatz falsch! [79] Die Wirkungszusammenhänge wurden a. a. Ort ausführlich dargelegt. Die Konsequenz daraus für das Führungsverhalten muss sein, alles zu unterlassen, was den Ehrgeiz der Mitarbeiter, der sich ja ohnehin aus den Grundbedürfnissen der Mitarbeiter nach Anerkennung und Selbstverwirklichung (auf Stufen 4 und 5 nach Maslow) ergibt, noch weiter anheizt. Die Führung sollte vielmehr unmissverständlich auf die Förderung der kollegialen Zusammenarbeit und gegenseitige Unterstützung ausgerichtet sein.

Der dritte Punkt, der hier abschließend noch anzusprechen ist, erschließt sich eigentlich von selbst, wenn man dem vorausgehenden folgt. Dennoch ist es keineswegs so, dass diese Erkenntnis auch in der Realität immer den entsprechenden Niederschlag findet. Denn nach wie vor führen auch heute noch manche Vorgesetzte nach dem lateinischen Grundsatz ***„divide et impera"*** *(„teile und herrsche")*, der bereits von den alten Römern praktiziert und u.a. auch von Niccolò Machiavelli, dem italienischen Staatsphilosophen und Strategen der Macht im 15ten Jahrhundert propagiert wurde. Es sind wohl zwei maßgebliche Gründe, weshalb es immer noch Führungskräfte gibt, die sich diesen Satz als Motto zu eigen machen: Entweder ist es ein hemmungsloser Drang, Macht auszuüben, oder aber die durchaus nachvollziehbare Angst, den Mitarbeiten nicht gewachsen zu sein, wenn sie sich einig sind und gemeinsam auftreten. Es ist klar, dass es sich bei beidem nicht um rationale Erwägungen sondern um weitgehend unbewusste Emotionen handelt. Aus den in den vorausgehenden Kapiteln nun bereits mehrfach dargelegten Gründen sind diese nicht zielführend! Bei zeitgemäßer Mitarbeiterführung geht es eben nicht um Macht bzw., wie dies im Kontext von politischer oder gar militärischer Strategie der Fall ist, darum, andere zu „beherrschen", sondern es geht um Führung, also darum, anderen vorauszugehen! Auch hier kann ich nur erneut wieder betonen, dass es starke Führungskräfte nicht nötig haben, sich derart strategischer Winkelzüge zu bedienen. [91]

Als Gegenmodell zu dem genannten Prinzip der Macht empfehle ich deshalb, sich am folgenden Satz von Johann Wolfgang von Goethe zu orientieren:

„Entzwei und gebiete! Tüchtig Wort;
Verein und leite! Bessrer Hort."

Also: Freuen Sie sich und seien Sie dankbar, wenn sich Ihre Mitarbeiter gut verstehen! Unterstützen Sie alle Aktivitäten, die dem Gemeinschaftssinn dienen, auch wenn Sie daran selbst nicht unmittelbar beteiligt sind! Gehen Sie freudig voraus – Ihre Mitarbeiter werden Ihnen dankbar und motiviert folgen!

5.4 Veränderungen umsetzen

Es gehört zu den typischen Aufgaben von Führungskräften, notwendige Veränderungen einzuleiten und durchzusetzen. Das Problem dabei ist allerdings, dass die ganz große Mehrheit der Menschen und somit auch die meisten Mitarbeiter Veränderungen eher mit Zurückhaltung und Skepsis, manche sogar mit Widerstand begegnen. Der Grund für diese Vorbehalte ist auch hier in den Grundbedürfnissen des Menschen zu finden, nämlich in seinem Sicherheitsbedürfnis (Stufe 2 nach Maslow). Dieses sehr elementare, gleich nach den körperlichen Grundbedürfnissen rangierende Bedürfnis bewirkt, dass bei Menschen alle Veränderungen, die nicht von ihnen selbst ausgehen, eine gewisse Unsicherheit oder sogar Ängste auslösen. Nach dem oben im Kapitel 3, Seite 42 f. bereits dargelegten Muster werden diese weitgehend unbewussten Emotionen dann jedoch im Großhirn (Cortex) regelmäßig mit rationalen Gründen unterlegt. Genau diese sind die Argumente, mit denen man sich als Führungskraft, die die Veränderung durchzusetzen hat, dann herumschlagen muss. – Wenn man sich dieser Zusammenhänge bewusst ist, ist es aber gar nicht mehr so schwer, die Vorbehalte und Widerstände aufzulösen.

5.4.1 Die erste und möglicherweise schwierigste Veränderung müssen Sie dann bewältigen, **wenn Sie selbst eine neue Führungsaufgabe übernehmen**. Die Aussicht auf neue Vorgesetzte löst bei den allermeisten Arbeitnehmern in besonderem Maße Unruhe und Ängste aus. Ist damit doch nicht nur die Ungewissheit verbunden, „was der Neue wohl für einer ist“ und ob man mit ihm zurecht kommen wird, sondern auch die Tatsache, dass mit dem bisherigen Vorgesetzten auch der Status verloren geht, den man sich bereits erarbeitet hatte. Für die Personen, die beim bisherigen Chef einen schlechten Stand hatten, ist dies kein Problem, sondern sogar eine Chance. Für die Mitarbeiter, mit denen der Vorgänger zufrieden war, ist diese Situation jedoch immer mit dem Verlust ihrer Komfortzone und der Notwendigkeit verbunden, sich neu bewähren und Vertrauen und Anerkennung erarbeiten zu müssen. Dass diese Situation keine Begeisterung auslösen kann, versteht sich von selbst.

– Wie geht man als „der Neue“ also nun mit dieser Herausforderung um? – Wie gesagt: Wenn Sie die eben geschilderte Perspektive der Mitarbeiter einnehmen und Ihr Verhalten daran ausrichten, kann eigentlich nicht mehr viel schief gehen.

Der erste Schritt auf dem Weg, den Mitarbeitern die Angst zu nehmen, ist, die zu Beginn zwangsläufig noch bestehende Distanz abzubauen. Das beginnt mit dem, was Sie bei der – in der Regel zunächst kollektiven – Begrüßung sagen. Seien Sie nahbar dabei, zeigen Sie Ihre Gefühle, insb. die Freude darüber, dass Ihnen diese konkrete Aufgabe übertragen wurde und würdigen Sie, was in Ihrem neuen Verantwortungsbereich schon bisher geleistet wurde!

Im zweiten Schritt sollten Sie – je nach Größe des neuen Geschäftsbereichs und Anzahl der Ihnen unterstellten Personen – der Reihe nach zumindest mit allen Ihnen in der Verantwortung unmittelbar nachgeordneten Mitarbeitern Einzelgespräche führen. Auch hier gilt: Seien Sie nahbar und zeigen Sie Interesse für all das, was Ihnen Ihre neuen Mitarbeiter über ihre bisherigen Erfahrungen berichten! Hören Sie vor allem zu! Es ist noch nicht die Zeit für Änderungen und die Verkündung neuer Programme! Diese Zeit ist erst da, wenn Sie wissen, was sich bisher (nicht) bewährt hat und wo Sie am besten „den Hebel ansetzen“ können, um Ihre Vorstellungen zu realisieren.

Der dritte Schritt: Lassen Sie sich Zeit! – Jeder Tag, der vergeht, ohne dass Sie – aus Sicht Ihrer Mitarbeiter – das Rad neu erfinden, nimmt diesen die Angst und lässt Vertrauen in Ihre Führung wachsen. Nutzen Sie diese Zeit, um sich einen umfassenden und zugleich differenzierten Überblick über die Abläufe und Probleme zu verschaffen, die in Ihrem neuen Verantwortungsbereich bestehen. Seien Sie dabei möglichst viel „vor Ort“, auch um die Erfahrungen all derer abzuholen, die dort arbeiten.

Wenn Sie so Distanz abgebaut, persönlichen Kontakt zu Ihren neuen Mitarbeitern und damit Gemeinsamkeit hergestellt, ihnen Ihre Angst genommen und sogar Anerkennung entgegengebracht haben (Bedürfnisse auf den Stufen 2, 3 und 4 nach Malsow!), haben Sie es geschafft. Erst dann ist die Zeit reif, auch inhaltlich neue Akzente zu setzten. Erst dann haben Sie Ihren neuen Verantwortungsbereich, die Mitarbeiter und deren Sicht auf die Situation so gut kennen gelernt, dass Sie wissen, wo Sie dazu ansetzen müssen.

– Für Führungskräfte, die mit dem ihnen übertragenen Verantwortungsbereich und den dortigen Mitarbeitern bereits vertraut sind, ist der „Fahrplan" natürlich ein gänzlich anderer. Dies gilt vor allem für solche, die aus dem Kollegenkreis in die Führungsrolle aufsteigen. In diesen Fällen kann sich ein großes Problem vor allem dann ergeben, wenn sich unter den jetzigen Mitarbeitern auch Personen befinden, die selbst Hoffnung auf die nun neu besetzte Führungsposition hatten. Deren enttäuschte Erwartung wird sich oft durch Subversion und Widerstand gegen den neuen Chef bemerkbar machen. Ähnliche Schwierigkeiten können sich auch im Umgang mit den Mitarbeitern ergeben, mit denen man in der Vergangenheit bereits Konflikte ausgetragen hat. Auf der anderen Seite ist es auch nicht einfach, sich aus dem Kreis solcher Kollegen, mit denen man als einer von ihnen freundschaftlichen, engen Umgang hatte, zurückzuziehen, um nun in die neutralere Rolle eines Vorgesetzten zu finden.

Diese Konstellationen können so vielgestaltig sein, dass ich davon absehe, einen „Königsweg" zur Lösung aller daraus möglicherweise entstehenden Probleme vorzuschlagen. Ganz sicher nicht zielführend ist es jedoch, diese Probleme verdrängen oder stillschweigend „aussitzen" zu wollen! Vorgesetzte, die mit einer solchen Lage konfrontiert sind, werden daher kaum umhin kommen, mit den betreffenden Mitarbeitern das Gespräch zu suchen, um die schwierige Situation und die sich für alle Beteiligten daraus evtl. ergebenden Konsequenzen offen anzusprechen. Die vorhandenen Emotionen werden damit zwar nicht aus der Welt geschafft, aber aus den emotionalen Tiefen des Limbischen Systems ins Licht des Bewusstseins in den Zonen des Neocortex gehoben und so einer rationalen Steuerung zugänglich. [92] Daraus erwächst die Chance, dass bei den Betroffenen Erwägungen der Vernunft und des Interessenausgleichs die Oberhand gewinnen. Nebenbei wird den Gesprächspartnern auf diesem Weg vermittelt, dass auch ihre Belange wahr- und ernst genommen werden (Bedürfnis auf Stufe 4 nach Maslow). In Fällen, in denen so kein konstruktives Verhalten erreicht werden kann, ist es über kurz oder lang dann allerdings wohl unumgänglich, auf eine organisatorische Trennung von den betreffenden Mitarbeitern hinzuwirken. (Im Einzelnen dazu siehe unten in den Abschnitten **5.6** Konflikte mit Mitarbeitern bzw. **5.7** Umgang mit „schwierigen" Mitarbeitern.)

5.4.2 Auch wenn es darum geht, **inhaltliche oder organisatorische Veränderungen** umzusetzen, ist der Schlüssel das persönliche Gespräch. Mit all den Mitarbeitern, die ebenfalls Führungsverantwortung tragen oder in ihrer Arbeit oder gar persönlich besonders davon betroffen sind, sollte schon im Vorfeld, noch bevor Gerüchte und Mutmaßungen und das diesbezügliche Gerede Unruhe und Ängste verbreiten, über die ins Auge gefassten Neuerungen und die dafür maßgeblichen Motive gesprochen werden. Eine positive Wirkung auf den Prozess ergibt sich vor allem dann, wenn diese Gespräche jeweils unter vier Augen geführt und evtl. sogar mit der Bitte verbunden werden, den Inhalt vorerst vertraulich zu behandeln.

Dieses Vorgehen wirkt sich gleich in mehrfacher Hinsicht positiv auf das geplante Vorhaben aus!

– In diesen vorbereitenden Gesprächen werden Sie weitgehend alle sachlichen Gesichtspunkte zu hören bekommen, die gegen die mit dem Projekt verbundenen Veränderungen eingewandt werden können. Das gibt Ihnen die Möglichkeit, sich bereits im Vorfeld darauf einzustellen und Ihre Pläne frühzeitig anzupassen.

– Mit der frühen Einbeziehung in Ihre Überlegungen kommen Sie den betreffenden Mitarbeitern in allen vier (!) psychischen Grundbedürfnissen nach Maslow entgegen – in dem nach Orientierung (Stufe 2), Zuwendung (Stufe 3), Anerkennung und Wertschätzung (Stufe 4) und Selbstverwirklichung (Stufe 5). Mehr ist kaum möglich! Die geradezu zwingende Folge ist, dass Sie von Seiten dieser Mitarbeiter danach keine Widerstände gegen Ihrer Pläne mehr zu erwarten haben, und dies selbst dann, wenn Sie deren Einwände nicht oder nur geringfügig berücksichtigen (können). Im Gegenteil: Es besteht sogar die Chance, dass sich diese Mitarbeiter Ihre Pläne zu eigen machen und diese gegenüber skeptisch eingestellten Kollegen vertreten.

– Eine allgemeine Verunsicherung des gesamten Teams sowie die nachhaltige Kränkung von Mitarbeitern, die ohne diese frühzeitige Einbindung schon allein deshalb (evtl. auch nur verdeckt) Widerstand leisten würden, weil sie sich übergangen fühlen oder weil sie von den anstehenden Änderungen negativ betroffen sind, wird vermieden.

5.5 Konflikte unter Mitarbeitern

Im Allgemeinen werden Konflikte als eine negative Erscheinung des menschlichen Zusammenlebens wahrgenommen. Dementsprechend sind sie in der Regel auch für Führungskräfte mit negativen Emotionen belastet, was die oft verhängnisvolle Konsequenz hat, dass man sie verdrängt, ihnen ausweicht, sie aussitzt oder auf andere Weise versucht, an ihnen vorbeizukommen.

Ein erster und ganz wesentlicher Schritt im Umgang mit Konflikten ist also, sich klar zu machen, dass Konflikte die natürliche Konsequenz daraus sind, dass unterschiedliche Menschen die Dinge zwangsläufig aus verschiedenen Blickwinkeln, auf der Grundlage unterschiedlicher Erfahrungen und aus verschiedenen Bedürfnislagen heraus betrachten. So unangenehm Konflikte in ihrer Auswirkung im Einzelfall auch sein mögen, sind sie in ihrer Entstehung demnach ein vollkommen normaler und unvermeidbarer Vorgang unserer Lebensrealität!

Der zweite Schritt ist, sich vor Augen zu führen, dass mit Konflikten immer die Chance verbunden ist, Lösungen zu finden, die nicht nur einen einzigen Erfahrungshintergrund, nur einen Blickwinkel und nur eine Bedürfnislage berücksichtigen, sondern deren mehrere, die Ausgangsfrage somit besser beantworten als jede nur eindimensionale Lösung. [93]

Dennoch gehört der Umgang mit Konflikten natürlich zu den weniger erfreulichen Aufgaben von Führungskräften und zu denen, die mit einem relativ hohen Fehlerrisiko verbunden sind. Der größte, jedoch ohne weiteres vermeidbare Fehler ist, zu glauben, Konflikten dadurch ausweichen zu können, dass man sie aus dem eigenen Blickfeld ausblendet. Denn es gilt fast ausnahmslos die Regel: Konflikte sind wie Feuer. Wie Feuer erlöschen sie selten von selbst und mit der Zeit, die sie andauern, weiten sie sich aus und wächst der Schaden, den sie anrichten. Die zwingende Konsequenz daraus ist: Ein Brand muss rasch gelöscht – Konflikte müssen baldmöglichst ausgeräumt werden!

Auf dieses klare Gebot einzugreifen folgt allerdings die leider keineswegs so eindeutig zu beantwortende **Frage, was zu tun ist**.

– Zunächst kommt wahrscheinlich jeder engagierte Vorgesetzte auf den Gedanken, den Versuch zu unternehmen, selbst zwischen den Konfliktparteien zu vermitteln – vor allem dann, wenn er davon überzeugt ist, zu den Beteiligten ein gutes, vertrauensvolles Verhältnis zu haben. Weshalb sollte es ihm also nicht gelingen, einen Ausgleich zwischen den kontroversen Positionen herzustellen, zumal er doch sogar die Autorität seiner Führungsrolle einbringen kann?! – Ich kann jedoch nur dringend von derartigen Versuchen abraten! So verführerisch dieser Gedanke auch ist, so verhängnisvoll kann er oft enden! Denn ihm liegt ein Irrtum über die eigene Rolle zugrunde, dessen Ursache auch hier wieder in den Bedürfnissen und Emotionen aller Beteiligten zu finden ist.

Schauen wir zunächst auf die Konfliktparteien und die beteiligten Mitarbeiter: Bei Konflikten zwischen Kollegen am Arbeitsplatz sind regelmäßig deren Grundbedürfnisse auf allen vier Stufen von 2 bis 5 nach Maslow berührt! Gegenüber dem Vorgesetzten haben diese Bedürfnisse, insb. die nach Orientierung (Stufe 2), Zuwendung (Stufe 3) sowie Anerkennung und Wertschätzung (Stufe 4) sogar besonderes Gewicht. Dies hat zur Folge, dass jeder der beteiligten Mitarbeiter dem Vorgesetzten gegenüber auch besonders darauf bedacht ist, seine Position zu behaupten und keinerlei Abstriche daran zuzulassen. Damit ist jeder Versuch, den dieser unternimmt, einen Ausgleich zwischen den kontroversen Standpunkten herbeizuführen, jeder noch so gut gemeinte Kompromissvorschlag gefährdet, zurückgewiesen und von allen am Konflikt Beteiligten als Liebesentzug, Niederlage und evtl. sogar als Kränkung erlebt zu werden!

Und der Vorgesetzte selbst, der doch die besten Absichten hat und beiden Seiten gerecht werden möchte? – Er erlebt eine Zurückweisung seines Vermittlungsversuchs regelmäßig als Enttäuschung und Niederlage (Bedürfnis nach Anerkennung / Stufe 4), macht die schmerzliche Erfahrung, dass er in seiner Rolle nicht „dazugehört“ (Sozialbedürfnis / Stufe 3) und fühlt sich mit dem Scheitern seiner Absicht, Frieden zu stiften und die Zusammenarbeit zu fördern, auch in seinem Selbstanspruch als Führungskraft (Stufe 5) angegriffen.

Mit seinem erfolglosen Vermittlungsversuch hat er sich in eine Zwickmühle manövriert. Bricht er seine Bemühungen ab, steht er nun als Verlierer da. Ergreift er jedoch, um dies zu verhindern, am Ende Partei für eine der beiden Seiten, fügt er den unterlegenen Mitarbeitern im Angesicht der mit ihnen konkurrierenden Kollegen eine schmerzliche Niederlage zu. Sie werden ihm dies mit allen negativen Folgen für Loyalität, Motivation und Leistung lange nachtragen und jede Gelegenheit nutzen, um sich bei den Kollegen zu revanchieren.

Egal wie sich der Vorgesetzte nun entscheidet: Aus der letztlich unvermeidlichen gegenseitigen Enttäuschung kann, je nach Anzahl der an dem Konflikt beteiligten Personen und deren Gewicht im sozialen Gefüge des Teams, eine nachhaltige Vertrauenskrise zwischen Führung und Geführten und Störung des Betriebsfriedens entstehen!

Hier zeigt sich ein **allgemeiner Grundsatz**, den Führungskräfte, herausgefordert durch die Probleme des Alltags und im Eifer, diese zu beseitigen, leicht übersehen, aber unbedingt beachten sollten:

Mit der Übernahme der Führungsrolle gibt man seine bisherigen Aufgaben endgültig ab. Die Aufgabe ist jetzt das „Führen“ und nicht die Erledigung von Arbeiten, die Mitarbeiter oder externe Dienstleister übernehmen können.

Wenn man dieses Prinzip außer Acht lässt, kann dies nicht nur in dem hier geschilderten Zusammenhang zu Störungen führen, sondern immer dann, wenn es darauf ankommt, die Rollenerwartungen der Mitarbeiter zu erfüllen. Die Gefahr, diese Erwartungen zu enttäuschen, besteht vor allem dann, wenn man der Versuchung erliegt, als Führungskraft Arbeiten selbst zu übernehmen, die Teil der eigenen Aufgaben waren, bevor man in die Führungsposition aufgerückt ist. Es ist natürlich insb. in der Anfangszeit nicht leicht, ganz von den Aufgaben zu lassen, die man lange Zeit gut und gerne erledigt hat. Dies ist aber ein Muss, wenn man sie den Mitarbeitern jetzt nicht wegnehmen und sie dadurch demotivieren möchte! Außerdem gilt der Grundsatz: *„Wer selbst mitarbeitet, verliert leicht den Überblick.“*

Um dem beschriebenen Dilemma vorzubeugen und den Streitparteien ihre eigene Entscheidungshoheit darüber zu belassen, wie der Konflikt beigelegt wird, ist es deshalb grundsätzlich vorzuziehen, einen nicht unmittelbar beteiligten Dritten, der das Vertrauen beider Seiten genießt, als Vermittler einzuschalten. Dies kann je nach Konstellation ein Kollege, ein Personalvertreter, eine Führungskraft aus einem anderen Bereich oder in besonderen Fällen evtl. sogar ein insoweit speziell qualifizierter Mediator sein. Nur auf diesem Weg besteht die Chance, eine einvernehmliche Lösung ohne Niederlagen und Verletzungen zu erzielen und so nachhaltig Frieden zu schaffen.

Die vorstehende Problembeschreibung und der skizzierte Lösungsweg gelten in erster Linie für Konflikte, deren Ursprung in sachlichen Gegensätzen liegt, also vor allem die zu leistende Arbeit und deren Rahmenbedingungen betrifft. Daneben gibt es aber natürlich auch am Arbeitsplatz **Konflikte ganz persönlicher Natur** und solche, die eigentlich im privaten Umfeld entstanden sind, aber in den Bereich der Arbeit hineinwirken. Ursachen für derartige Konflikte gibt es viele: Sie reichen von persönlichen Animositäten und Rivalität über kränkende Äußerungen aller Art bis hin zu sexuellen oder gar tätlichen Übergriffen. Es ist nicht möglich, hier für alle denkbaren Einzelfälle einen angemessenen Lösungsweg zu beschreiben. Wichtig erscheint es mir jedoch, kurz auf die psychologischen Zusammenhänge und einige Eckpunkte für das in solchen Fällen gebotene Einschreiten als Vorgesetzter einzugehen. – Gleichgültig welche der genannten Varianten vorliegt, wird es bei persönlichen Konflikten, insb. dann wenn die Wurzeln im privaten Bereich liegen, anders als bei sachlichen Auslösern nur höchst selten möglich sein, mit den am Arbeitsplatz verfügbaren Mitteln eine Befriedung herbeizuführen. Deshalb liegt der Lösungsansatz hier meist im organisatorischen oder gar disziplinarischen Bereich und im klaren Gegensatz zu der oben beschriebenen Konstellation unmittelbar in der Hand des Vorgesetzten. Dieser wird abhängig von der Schwere des Konflikts bzw. vom Gewicht des diesen auslösenden Sachverhalts sowie von der Größe und Struktur des

Unternehmens oft nicht umhin kommen, auf die organisatorische Trennung der Beteiligten, evtl. sogar auf das Ende des Beschäftigungsverhältnisses eines oder mehrerer der Beteiligten hinzuwirken. Ein so schwerwiegender Machteingriff ist vor allem dann notwendig, wenn ohne ihn eine nachhaltige Störung der Zusammenarbeit oder gar völlige Zerrüttung des Betriebsfriedens zu erwarten wäre. Dies gilt jedenfalls immer dann, wenn einem oder gar mehreren Beteiligten von Kollegen eine gravierende körperliche oder seelische Verletzung zugefügt wurde.

Ein derartiger Fall liegt i.d.R. vor, wenn Mitarbeiter

– sich zu tätlichen oder sexuellen Übergriffen hinreißen lassen,
– in die Lebenspartnerschaft von Kollegen „einbrechen", oder
– im Kollegenkreis wechselnde sexuelle Beziehungen eingehen.

Für all die Leser, die nun denken, diese Beispiele seien doch recht weit hergeholt und kämen nur selten und unter extremen Umständen vor, möchte ich anmerken, dass ich in meiner Zeit als Führungskraft mehrfach in der höchst unerfreulichen Lage war, eine angemessene Regelung für eine derartige Situation finden zu müssen!

In all den Fällen, in denen die Verantwortung für die Störung des Betriebsfriedens eindeutig bestimmten Personen zuzuordnen ist (ich vermeide hier den Begriff „Schuld", da es sich dabei mehr um eine rechtliche Kategorie und nicht eine Frage der Menschenführung handelt!), ist es zwar schmerzhaft, aber relativ einfach, angemessen zu reagieren: Ist es angesichts der Schwere des Fehlverhaltens noch vertretbar und bietet hierfür die Größe und Struktur des Unternehmens entsprechende Möglichkeiten, lässt sich der Konflikt durch die Trennung der am Konflikt Beteiligten durch eine innerbetriebliche Versetzung bereinigen. Liegen diese Voraussetzungen dagegen nicht vor, ist m. E. die einzig mögliche Konsequenz, durch einvernehmliche Vereinbarung oder fristlose Kündigung eine kurzfristige Auflösung des Beschäftigungsverhältnisses anzustreben.

Sehr viel komplizierter ist die Lage jedoch immer dann, wenn es nicht eindeutig feststeht, wem unter den am Konflikt beteiligten Mitarbeitern ein Fehlverhalten vorzuwerfen ist, das es rechtfertigt, ihm die ganze Verantwortung hierfür anzulasten. Es wird selten vorkommen, dass sich die unmittelbar Betroffenen übereinstimmend zu den Ursachen und Hintergründen ihres Konflikts einlassen. Andererseits verbietet es sich, seitens des Arbeitgebers die Nase so tief in die privaten Belange des Personals zu stecken, dass es gelingt, bestehende Unklarheiten restlos auszuräumen. Dies gilt besonders in Beziehungsangelegenheiten, in denen es auch schicksalhafte Verstrickungen gibt, aus denen sich gegen keinen der Beteiligten ein Vorwurf ableiten lässt. – Der Königsweg in all diesen Fällen wäre es, durch eine innerbetriebliche Umsetzung effektiv und nachhaltig den gebotenen Abstand zwischen allen am Konflikt Beteiligten herzustellen. Sollten die konkreten Umstände eine solche Lösung jedoch nicht zulassen, bleibt im Regelfall nur die bittere Option, auf eine finale Trennung von beiden Konfliktparteien hinzuwirken – wenn möglich im gegenseitigen Einvernehmen. Eine Kündigung der nur auf einer Seite beteiligten Mitarbeiter birgt die Gefahr in sich, dass andere Kollegen, die ja meistens über die Hintergründe sehr viel besser informiert sind, als die Vorgesetzten, dies als willkürlich und höchst ungerecht erleben. Dies hätte zur Folge, dass die Störung des Betriebsfriedens fortwirkt. – Natürlich bleibt immer auch die Möglichkeit, die Zusammenarbeit trotz des bestehenden Konflikts mit allen daran beteiligten Personen fortzusetzen, wenn man glaubt, auf deren Beitrag nicht verzichten zu können. Allerdings ist dies mit dem Risiko verbunden, dass die Situation eskaliert und die Entwicklung zu einem späterem Zeitpunkt zu dem Schritt zwingt, den man vermeiden wollte. Der Schaden wäre dann noch größer als zuvor. – Ganz egal, welchen der denkbaren Wege man einschlägt, empfiehlt es sich jedenfalls, die Entscheidung erst nach eingehender und offener Erörterung mit allen Betroffenen und der Personalvertretung zu treffen! Mit dem Maß an Fairness und Transparenz im Verfahren wächst die Chance, dass die getroffene Entscheidung im Kollegium akzeptiert und der angerichtete Schaden einigermaßen eingegrenzt wird.

5.6 Konflikte mit Mitarbeitern

Es bleibt in aller Regel leider nicht aus, dass auch mit Mitarbeitern Konflikte entstehen. Die möglichen Gründe hierfür sind vielfältig, in den meisten Fällen jedoch ebenfalls auf Emotionen zurückzuführen. Überwiegend liegen dem auch hier wieder nicht erfüllte Bedürfnisse und enttäuschte Erwartungen bei den Mitarbeitern, den Vorgesetzten selbst, oder wechselseitig auf beiden Seiten zugrunde.

Immer dann, wenn man selbst an einem Konflikt beteiligt ist, ist es besonders wichtig, sich von Beginn an vor Augen zu halten, dass es keinen Konflikt gibt, der ausschließlich auf einem sachlichen Problem oder einer Differenz in der Sache beruht. Auf den wesentlichen Kern reduziert und radikal vereinfacht gilt vielmehr ohne Ausnahme die Formel:

> Konflikt = sachliche Differenz **+ Gefühl** [94]

Was es Führungskräften besonders erschweren kann, angemessen mit der Problematik umzugehen, ist die Tatsache, dass sie hier demnach selbst mit ihren Gefühlen beteiligt sind. Diese können so heftig sein, dass gemäß dem Grundsatz ***„Störungen haben Vorrang"*** [95] der sachliche Blick auf die Zusammenhänge getrübt ist oder sogar ganz verloren geht. Um dieser „Falle der Gefühle" nach Möglichkeit zu entgehen, ist es hilfreich, sich für eventuelle Konflikte mit Mitarbeitern vorab auf die folgenden **drei Prinzipien** festzulegen.

1. ***Ich sehe jede sachliche Kritik eines Mitarbeiters als Angebot, einen positiven Beitrag zu leisten, das ich prüfen, annehmen, aber auch ausschlagen kann.***

Eine von Mitarbeitern in einem sachlichen Zusammenhang geübte Kritik ist nicht Ausdruck mangelnder Anerkennung und Wertschätzung für die Führungskraft (Stufe 4 nach Maslow), also keine Provokation oder Grenzverletzung – jedenfalls dann nicht, wenn sie in sachlicher Form und unter vier Augen vorgebracht wird. [88, 93]

Solche kritischen Äußerungen in der Sache sind im Gegenteil sogar ein wertvolles „Geschenk“ an den Vorgesetzten, da sie diesem die Chance bieten, die eigenen Positionen nochmal auf evtl. Fehler und Irrtümer hin zu überprüfen. Sie sind in der Regel nur von besonders engagierten und menschlich qualifizierten Mitarbeitern zu erwarten. Denn die weitaus meisten Arbeitnehmer scheuen davor zurück, sich Führungskräften gegenüber kritisch zu äußern, um deren möglicherweise negativen Reaktionen und die damit evtl. verbundenen Nachteile für sich zu vermeiden. Die schädliche Folge ist, dass Kritik meist nur hinter dem Rücken der Betroffenen geäußert wird, diese in ihrem Vorgehen deswegen nur mehr wenig Korrektur erfahren und deshalb zunehmend gefährdet sind, Fehler zu begehen sowie den Bezug zur sozialen Realität in ihrem Verantwortungsbereich und den Respekt der dort beschäftigten Personen zu verlieren. Dieses Phänomen lässt sich immer da beobachten, wo autoritäre Machtstrukturen wirken, wie besonders auch in derartigen Bereichen der Politik. [96]

2. ***Im Bewusstsein der mit meiner Führungsposition verbundenen Überlegenheit bleibe ich bei Konflikten mit Mitarbeitern immer beherrscht, ruhig und gelassen.***

Jeder Vorgesetzte ist in aller Regel in einer im Vergleich stärkeren Position. Dies erlaubt ihm, gelassen mit Kritik von Mitarbeitern umzugehen, selbst dann, wenn diese nicht die unter Ziffer 1. benannten positiven Kriterien erfüllt. Wer sich seiner Stärke bewusst ist, braucht sie nicht auszuspielen! Hier kann ich auf die vorausgehenden Ausführungen im Abschnitt „Konferenzen“ zu den Stichworten „Sitzordnung“ (Seite 86), „Leitung von Besprechungen“ (Seite 90) und „Kritik vor den Kollegen“ (Seite 91 f.) Bezug nehmen. Der positive Effekt einer gelassenen Reaktion ist, dass sich der Konflikt nicht aufschaukelt, man stets den Überblick und die Kontrolle bewahrt und so den sachlichen Bezug nicht aus dem Auge verliert. Außerdem begegnet man mit ihr der Gefahr, dass sich Kollegen mit dem Konfliktgegner solidarisieren. – Ich habe in meiner Zeit als Behördenleiter selbst wiederholt die Erfahrung gemacht, dass Mitarbeiter, die in einer Auseinandersetzung mit mir aus der Rolle gefallen waren, immer dann, wenn ich selbst die Ruhe habe bewahren können, nach einiger Zeit „zur Vernunft" und auf mich zu gekommen sind, um sich für ihr Verhalten zu entschuldigen. Auf diese Weise war es fast immer möglich, eine Lösung zu finden, die den Interessen beider Seiten gerecht wurde.

3. ***Ausgestandene Konflikte sind erledigt und ich trage sie nicht nach.***

Schließlich muss sich jeder Vorgesetzte unbedingt davor hüten, den Mitarbeitern Konflikte, die man mit ihnen ausgetragen hat, oder andere Enttäuschungen nachzutragen! Denn zumindest dann, wenn man für längere Zeit im selben Bereich Führungsverantwortung trägt, ist es unvermeidlich, dass sich solche negativen Erfahrungen häufen. Wenn man jedoch all diese negativen Gefühle auf „ein seelisches Konto" einzahlt, hat dies zwangsläufig zur Folge, dass man sich mit der Zeit mehr und mehr emotional vom eigenen Personal distanziert. Durch diese Entfremdung geht dann letztlich die Verbindung zu den Mitarbeitern verloren, die man braucht, um sie im Sinne der Aufgaben zu beeinflussen und zu motivieren. [97] Eine große Hilfe, dies zu vermeiden ist, sich immer vor Augen zu halten, dass kein Mensch perfekt und ohne Fehler ist. Dies gilt ja auch für einen selbst! Führungskräfte, die dies bedenken und so bereit sind, Mitarbeitern eventuelle Entgleisungen und Schwächen nachzusehen, bewahren sich den Blick für deren positiven Eigenschaften und guten Beiträge. Dadurch erhalten sie sowohl deren als auch die eigene positive Motivation und Loyalität und dem ganzen Team ein angenehmes und für die Leistungsbereitschaft förderliches Betriebsklima.

5.7 Umgang mit „schwierigen“ Mitarbeitern

Der Weg von den zuletzt angesprochenen Konflikten mit Mitarbeitern zum Thema *Umgang mit „schwierigen“ Mitarbeitern* ist nicht weit. Es gibt jedoch einen entscheidenden Unterschied: Die Konflikte, die man als Führungskraft mit Mitarbeitern hat, sind bei denen, die ich hier als „schwierig“ apostrophiert habe – man könnte sie auch „problematisch“ nennen – in der Regel nicht ohne weiteres beizulegen und mithin auch nicht erledigt. Man kann sie daher leider nicht, wie von mir im letzten Absatz grundsätzlich empfohlen, einfach „abhaken“ und dann vergessen. Die betreffenden Mitarbeiter tragen vielmehr durch ihr Verhalten selbst immer wieder dazu bei, dass man sich mit ihnen auseinandersetzen muss. Was dabei besonders ins Gewicht fällt, ist der Umstand, dass aus diesem Grund einige wenige „schwierige Mitarbeiter“ sehr viel mehr Zeit und Kraft der Führungskraft aufzehren können, als alle übrigen zusammen. Infolgedessen sind sie eine große Gefahr für die eigene positive Grundhaltung und Motivation sowie letztlich sogar für die Gesundheit der Führungskräfte! Der Umgang mit ihnen ist wohl die größte Herausforderung, vor die Vorgesetzte im Bereich der Mitarbeiterführung gestellt werden können. Zudem gibt es nur wenige Betriebe oder Behörden, in denen dieses Problem nicht besteht. Bei meiner Tätigkeit als Leiter von Lehrgängen für Führungskräfte konnte ich die Erfahrung machen, dass dieses Thema die meisten von ihnen weit mehr umtreibt und belastet als alle anderen. Deshalb werde ich im Anschluss auch besonders ausführlich und differenziert darauf eingehen.

Vor der Frage, wie man mit dieser Herausforderung umgehen soll, ist allerdings zunächst zu klären, wer und was überhaupt ein „schwieriger Mitarbeiter“ ist. Dies kann nicht isoliert geschehen, sondern ist nur möglich, wenn man die Art des Unternehmens und der konkreten Tätigkeit sowie das kollegiale Umfeld in die Analyse mit einbezieht.

So macht es z. B. einen Unterschied, ob jemand in ein kleines Team eingebunden ist, oder in einem großen Betrieb mit vielen verschiedenen Kollegen zusammenarbeiten muss. Auch kommt es wesentlich darauf an, ob der Tätigkeit ein relativ leicht kündbarer Arbeitsvertrag oder ein Beamtenverhältnis zugrunde liegt. – Aufgrund ihrer eigenen Erfahrungen werden hier nun viele Menschen zuallererst an solche Kollegen denken, die wann und wo immer möglich der anfallenden Arbeit aus dem Weg gehen, sei es in den täglichen Abläufen, sei es durch eine hohe Zahl von Fehltagen, ohne dass dies auf erkennbare gesundheitliche Einschränkungen zurückgeführt werden könnte. Dies sind die Personen, die landläufig als „faul“ oder auch „Drückeberger“ bezeichnet werden. Mit diesen sind allerdings bei weitem nicht alle erfasst, die sich aus der Sicht einer Führungskraft als „schwierig“ oder „problematisch“ erweisen können! Deshalb seien hier – in alphabetischer Reihenfolge – noch einige weitere Beispiele aufgeführt: Besserwisser, Blender, Gerüchteköche, Intriganten, „Kumpel“ ohne Respekt und Distanz, Perfektionisten, Pessimisten, Querulanten, „Schleimer“, Schürzenjäger, Wichtigtuer, Witzbolde, Zyniker. Gemeint sind hier selbstverständlich nur solche Personen, bei denen diese Eigenheiten in einer solch extremen Form gegeben sind, dass sie eine ernsthafte Störung der Kommunikation in den Betriebsabläufen und der Zusammenarbeit zu Folge haben können.

Es versteht sich von selbst, dass es **kein „Patentrezept“** gibt, mit dem man all diesen verschiedenen Menschen bzw. den von ihnen am Arbeitsplatz ausgelösten Problemen gerecht werden kann! Vielmehr gilt es hier wie immer in der Begegnung mit Menschen, jeden Einzelnen in seiner individuellen Persönlichkeit wahrzunehmen, zu versuchen, ihn und die Beweggründe für sein Verhalten zu verstehen und entsprechend differenziert darauf zu reagieren. Da die Aufgaben einer Führungskraft entsprechend der Größe und Struktur des jeweiligen Verantwortungsbereichs voneinander abweichen, kann dies nur von dem unmittelbaren Vorgesetzten geleistet werden. Dementsprechend sind die im Anschluss formulierten Empfehlungen in dieser Form auch nur an solche Führungskräfte adressiert, denen ein sog. „schwieriger Mitarbeiter“ direkt nachgeordnet ist.

Für diese schlage ich den folgenden **Stufenplan** vor:

* **Der erste Schritt** muss – wie immer, wenn es um eine Störung im Verhältnis zu anderen Menschen geht – eine **Selbstprüfung** sein, ob man vielleicht selbst die Ursache dafür ist, oder diese in der Vergangenheit gesetzt hat, dass der Mitarbeiter „schwierig" (geworden) ist.[00] Wenn dies bei ehrlicher und selbstkritischer Betrachtung möglich erscheint, ist es notwendig, das eigene Verhalten zu überdenken und evtl. entsprechend zu verändern. Dazu ist zunächst das offene Gespräch mit dem Mitarbeiter zu suchen und ggf. geboten, sich bei ihm zu entschuldigen! Oft ist das Problem damit bereits aus der Welt geschafft. Können wesentliche eigene Anteile an der Situation jedoch ausgeschlossen werden, muss wieder das unerwünschte Verhalten des Mitarbeiters in den Blick gerückt werden.

** **Im zweiten Schritt** ist dann zu prüfen, ob und ggf. wie sich dessen als problematisch wahrgenommenes Verhalten tatsächlich auf die Leistungsbereitschaft und Arbeitsfähigkeit seiner Kollegen und die des gesamten Teams auswirkt. Wenn dessen Eigenheiten lediglich im Erleben der Vorgesetzten als störend empfunden werden, aber abgesehen davon Betriebsklima, Zusammenarbeit und Arbeitsergebnis nicht wesentlich beeinträchtigen, ist es vorzuziehen, diese zur eigenen Entlastung möglichst auszublenden und gelassen hinzunehmen. Denn wenn die negative Bewertung des Verhaltens von der Mehrheit des übrigen Personals nicht geteilt wird und der betreffende Mitarbeiter seine Aufgaben ansonsten angemessen erledigt, kann es letztlich einen größeren Schaden anrichten zu intervenieren, als seine Eigenheiten stillschweigend zu dulden. Dabei ist es sicher hilfreich, sich vor Augen zu führen, dass alle Menschen, auch alle Führungskräfte, Eigenarten haben, die nicht jedem gefallen müssen.

Noch besser als ein gelassenes Achselzucken ist es in solchen Fällen jedoch, wenn es gelingt, die zunächst kritisch gesehenen Eigenheiten des Mitarbeiters neu zu bewerten und positiv zur Geltung zu bringen. Denn Persönlichkeitsmerkmale, die zunächst als Schwächen wahrgenommen werden, können gelegentlich durchaus auch in Stärken umgedeutet werden! Dies gilt immer dann, wenn diese in spezifischen

Situationen nutzbringend für andere Mitarbeiter oder das ganze Team zur Erledigung der Aufgaben einsetzbar sind. So kann z. B.

– das kreative Potential eines Besserwissers oder Querulanten, wenn man ihn ernst nimmt (gelegentlich ist es ja durchaus hilfreich „quer" zu denken!), genutzt werden, um positive Entwicklungen in Gang zu bringen,

– die Präzision eines Perfektionisten für Arbeiten dienlich sein, die besonderer Sorgfalt bedürfen, oder

– ein „Eigenbrödler" für Aufgaben eingesetzt werden, die mit sozialer Abgeschiedenheit verbunden sind, mit der aufgeschossene, kontaktfreudige Menschen deshalb nur schwer zurecht kommen. So eignen sich derartige Mitarbeiter z. B. oft besonders gut, um die Einrichtung oder Neuordnung eines Archivs oder die im Allgemeinen höchst unbeliebten und demzufolge lange aufgeschobenen Aufräumarbeiten in Lagern und Kellern zu übernehmen.

Durch die dem Betroffenen dadurch ggf. zukommende Aufmerksamkeit und Anerkennung (Stufen 3 und 4 nach Maslow) kann außerdem sogar der zusätzliche Effekt eintreten, dass die problematische Seite seines Verhaltens bei ihm selbst nachlässt und in der Wahrnehmung von anderen in den Hintergrund tritt.

Sollte sich aber abzeichnen, dass das Verhalten des Mitarbeiters auch bei seinen Kollegen Unmut erzeugt, insb. weil es erkennbar einzelnen von ihnen, deren Motivation oder sogar der des gesamten Teams einen Schaden zufügt, ist es notwendig, dagegen vorzugehen. Anderenfalls besteht die Gefahr, dass eine Eskalation entsprechend der nachfolgend dargestellten Stufenleiter einsetzt.

7 □ die Aufgaben werden nicht mehr erledigt
6 □ die Arbeitsziele werden verfehlt
5 □ kollektiver Leistungsabfall
4 □ Spaltung / Zerrüttung des Teams
3 □ Nachahmung des negativen Vorbilds durch Kollegen
2 □ aus Duldung wird Wut, aus Wut Resignation
1 □ dauerhafte Mehrbelastung / Überlastung der Kollegen

*** Erst dann, wenn feststeht, dass das Verhalten des Mitarbeiters nicht hingenommen werden kann, stellt sich **im dritten Schritt** die Frage, wie unmittelbar dagegen vorzugehen ist.

Natürlich liegt es nahe, gleich zum nächstmöglichen Termin auf eine Trennung von dem Mitarbeiter hinzuwirken, bevor weiterer Frust oder sogar Schaden entsteht. Insb. in der Probezeit oder bei befristeten Verträgen ist dies in der Regel auch problemlos möglich und sicher sinnvoll, jedenfalls dann, wenn man auf diese Arbeitskraft oder deren eventuelle spezielle Expertise nicht angewiesen ist.

Allerdings gibt es gelegentlich auch Spezialisten, die nicht ohne weiteres zu ersetzen sind, oder aber Beschäftigungsverhältnisse, die aus Rechtsgründen nur sehr schwer aufgelöst werden können. Insb. im öffentlichen Dienst kommt man in manchen Fällen unter derartigen Gesichtspunkten nicht umhin, sich auch über alternative Handlungsmöglichkeiten Gedanken zu machen.

Fest steht jedenfalls, was in dieser Situation nicht geschehen darf:

– So muss es in diesem (frühen) Stadium unbedingt vermieden werden, den betreffenden Mitarbeiter aus der Betriebsgemeinschaft auszugrenzen! Denn es würde ihn nur noch weiter in seine Sonderrolle und das unerwünschte Verhalten hineintreiben, wenn er z. B. gezielt von gemeinsamen Veranstaltungen oder Treffen mit Kollegen ferngehalten oder hinter seinem Rücken bewusst Stimmung gegen ihn gemacht würde. [99]

– Außerdem verbietet es sich, das Problem aus dem einem selbst zugewiesenen Verantwortungsbereich wegzuschieben, indem man es z. B. nach oben zum eigenen Vorgesetzten delegiert oder die Lösung irgendwelchen nicht zum eigenen Team gehörenden Dritten überlässt! Denn anders als die Einschaltung eines Vermittlers bei auf die Arbeit bezogenen Konflikten zwischen Mitarbeiten, wie ich sie auf Seite 102 empfohlen habe, würde eine derartige Verlagerung der Verantwortung zwangsläufig die Schwächung der eigenen Autorität zur Folge haben.

Die Frage, was nun zu tun ist, lässt sich dagegen erst beantworten, wenn Klarheit darüber besteht, was die Ursachen für das unerwünschte Verhalten sind, weshalb der Mitarbeiter auf diese Weise aus der Gemeinschaft „ausschert“. Wie ein Arzt erst dann ein Medikament verordnen kann, wenn er den Patienten untersucht und die Diagnose gestellt hat, so setzen gezielte Maßnahmen hier voraus, dass man die Beweggründe dieses Mitarbeiters kennt.

Einige für eine derartige Situation typischen Beweggründe sind:

- Tatsächlich – aber eher selten – Faulheit,
- eine Enttäuschung wegen verpasster Karriereschritte,
- Kränkungen durch Ereignisse in der Vergangenheit,
- ausbleibende Anerkennung für geleistete Beiträge,
- die Zuweisung „falscher“ Aufgaben (Über- oder Unterforderung),
- die Angst zu versagen,
- eine psychische Störung sowie
- belastende Probleme im privaten Bereich.

Die Ursachen können demnach sehr unterschiedlich sein. Dennoch lässt sich das entscheidende Kriterium für das weitere Vorgehen auf einen zentralen Punkt bringen. – Die ausschlaggebende Frage lautet:

„Kann dieser Mensch nicht oder will er nicht ?“

Und eins ist all diesen Beweggründen gemeinsam. Es gilt die These:

„Jeder Mensch ist motiviert, die Frage ist nur wozu.“

Damit besteht nun Klarheit, was in diesem dritten Schritt zu tun ist: Es gilt, die Motivation dieses Menschen zu ergründen und diese nach Möglichkeit auf den von ihm am Arbeitsplatz erwarteten Beitrag zu lenken! Auch in diesem Zusammenhang ist wieder die entscheidende Frage, welches Grundbedürfnis (nach Maslow) dem problematischen Verhalten zugrunde liegt, bzw. welches im Umfeld des Arbeitsplatzes möglicherweise verletzt wurde?

Eine **Kontrollfrage**, die sich dazu jede unmittelbar mit der Lösung dieses Problems befasste Führungskraft stellen sollte, lautet: *„Kenne ich überhaupt den Werdegang, die aktuellen Lebensverhältnisse, die persönlichen Interessen dieses „schwierigen" Mitarbeiters?"* — Die meisten werden diese Frage mit einem eindeutigen „*nein*" beantworten müssen.

Daraus folgt, dass sich der Vorgesetzte, der dieses Problem in Angriff nehmen möchte, ernsthaft für den Mitarbeiter interessieren und ehrlich versuchen muss zu ergründen, was die inneren Motive und äußeren Ursachen seines Verhaltens sind. Dabei ist zu bedenken, dass jeder Mitarbeiter – wie man selbst – ganzheitlich als Mensch und nicht nur als Arbeitskraft wahrgenommen und sozial eingebunden werden möchte (Stufen 3, 4 und 5 nach Maslow). Dies bedeutet, dass man sich nun ganz auf diesen „schwierigen Mitarbeiter" als Menschen mit all seinen Facetten und Lebensumständen einlassen muss. Das ist möglicherweise „harte Arbeit", jedoch genau die Arbeit, die von einer Führungskraft in dieser Situation zu leisten ist.

Unter bestimmten Voraussetzungen hat der Vorgesetzte, bevor er selbst an den Mitarbeiter herantritt, aber evtl. auch noch eine andere Option. Wenn er großes Glück hat, gibt es in seinem Verantwortungsbereich einen Mitarbeiter, dem er vertraut und der sowohl von dem „schwierigen" als auch den übrigen Kollegen geschätzt und anerkannt ist. Diesen kann er bitten, unter vier Augen auf den Kollegen zuzugehen, um ihm seine Beobachtungen konkret und sachlich mitzuteilen und auch den Ärger, den sein Verhalten im Team auslöst. Auf diesem Wege können möglicherweise die Hintergründe des problematischen Verhaltens aufgehellt und bei dem so Angesprochenen eine kritische Selbstbetrachtung angestoßen werden. Diese Konstellation bietet auch den Vorteil, dass bei Bedarf Hilfe angeboten werden kann, ohne dass der Mitarbeiter dadurch sein Gesicht verliert.

**** Wenn jedoch eine zu einer derartigen Vermittlung im konkreten Fall geeignete Person nicht zu Verfügung steht, oder diese mit ihren Bemühungen keinen Erfolg hat, muss sich nun **im vierten Schritt** der direkte Vorgesetzte unmittelbar selbst mit dem „schwierigen" Mitarbeiter auseinandersetzen. Hierfür empfehle ich stufenweise vorzugehen, wie im Anschluss aufgeführt. [100]

Stufe 1: Terminvereinbarung für ein Personalgespräch mit einem großzügigen Zeitrahmen (kein Gespräch zwischen „Tür und Angel"!)

Stufe 2: Im Personalgespräch ist dem Mitarbeiter sachlich und in aller Ruhe in „ich"-Form darzulegen, **a)** was konkret von ihm erwartet wird (*„Ich wünsche mir …"*), **b)** inwiefern sein Verhalten (in objektiver Beschreibung ganz ohne Bewertung!) davon abweicht („Ich stelle aber fest, dass …") und **c)** welche Gefühle dadurch bei einem selbst ausgelöst werden (*„Die Tatsache, dass ... macht mich unzufrieden."*).

Stufe 3: Der Mitarbeiter ist anschließend darum zu bitten, seine eigene Sicht der Situation darzulegen, insbesondere wo er die Ursachen für die ihm geschilderten Beobachtungen sieht. – Diesem Teil des Gesprächs ist besonders viel Zeit und Aufmerksamkeit zuzumessen!

Stufe 4: An die Antwort des Mitarbeiters ist die weitere Bitte anzuschließen, sich dazu zu äußern, durch welche (konkreten) Schritte aus seiner Sicht die benannten Defizite behoben bzw. wenigstens gemindert werden können. *(„Was kann nach Ihren Vorstellungen geschehen, was können Sie selbst konkret dazu beitragen, um …")*

Stufe 5: Wenn der Mitarbeiter keine Änderungsbereitschaft erkennen lässt und selbst keine geeigneten Lösungsschritte benennt, sind ihm – unter Angabe des von ihm erwarteten konkreten Verhaltens und eines angemessenen Zeitrahmens – solche Schritte vorzuschlagen.

Stufe 6: Kommt es daraufhin zu keiner positiven Veränderung, sind unter Bezugnahme auf die Stufen 4 und 5 zwei weitere Gespräche dieses Inhalts zu führen und nun auch schriftlich zu dokumentieren.

Stufe 7: Wenn sich trotz dieses Vorgehens keine positive Entwicklung abzeichnet, ist der Punkt erreicht, an dem nichts Anderes bleibt, als entschieden auf eine Trennung von dem Mitarbeiter hinzuwirken!

***** Es gibt jedoch leider Mitarbeiter, von denen man sich auch in einer solchen Lage nicht ohne weiteres bzw. allenfalls nur auf lange Sicht trennen kann. Dies gilt vor allem für Beamte auf Lebenszeit oder Mitarbeiter, bei denen höheren Orts oder bei Gericht über den Bestand des Beschäftigungsverhältnisses entschieden wird. In diesen Fällen muss dann noch ein **fünfter Schritt** gegangen werden.

Sobald feststeht, dass man in Bezug auf das Problem selbst nichts mehr ausrichten kann, ist die ganze Aufmerksamkeit auf die anderen Mitarbeiter zu richten, um Schaden vom Team abzuwenden. Das heißt: Es müssen alle Möglichkeiten ausgeschöpft werden, um das Überspringen des negativen Vorbildes auf andere Mitarbeiter und deren drohende Frustration, Resignation und Demotivation abzuwenden. Dabei gelten **zwei Grundsätze** :

1. ***„Aus dem Auge aus dem Sinn“*** – Solange man den „schwierigen Mitarbeiter“ nicht endgültig los wird, ist er nach Möglichkeit betriebsintern von anderen Mitarbeitern zu trennen! Ihm sind also Aufgaben zuzuweisen, bei denen möglichst wenig Kontakt zu Kollegen besteht („dienstliche Quarantäne“). Macht er dann krank, erleichtert dies, das Beschäftigungsverhältnis mit ihm über kurz oder lang zu beenden.

2. ***„Unerwünschtes Verhalten darf sich nicht lohnen.“*** – Soweit rechtlich zulässig, muss sich das negative Verhalten für die Kollegen erkennbar (!) für den „schwierigen Mitarbeiter“ nachteilig auswirken! Es muss daher nach Möglichkeit bei der Dienst- und Urlaubsplanung, bei persönlichen Zuwendungen am Arbeitsplatz und darüber hinaus, jedenfalls aber in seiner Beurteilung sowie bei eventuellen Fristen für weitere Karriereschritte zu seinen Ungunsten berücksichtigt werden.

Fazit: Auch bei „schwierigen Mitarbeitern“ kann es Gründe dafür geben, dass man um sie und ihre Motivation für die Erledigung der gemeinsamen Aufgaben kämpft. Über diesen Bemühungen um Einzelne dürfen jedoch deren Kollegen nicht übersehen und vernachlässigt werden. – Führung bedeutet eine langfristig angelegte, umfassende, kontinuierliche Zuwendung an alle Mitarbeiter, nicht nur eine „Reparatur“ da, wo es gerade brennt! Nur so ist zu verhindern, dass sich die Zahl der „schwierigen Mitarbeiter“ sogar noch erhöht.

5.8 Abschied von Mitarbeitern

Wie auch schon im letzten Abschnitt deutlich wurde, ist die Aufgabe von Führungskräften erst erledigt, wenn die betreffenden Mitarbeiter ihren Arbeitsplatz endgültig verlassen haben. Es ist deshalb sinnvoll, auch darüber nachzudenken, wie ihre Verabschiedung aussehen sollte, um negativen Folgen vorzubeugen.

Die Mitarbeiter, die ausscheiden, weil mit ihnen nicht nur Vorgesetzte, sondern auch die große Mehrheit der Kollegen Probleme hatten, werden meist ohne viel Worte des Dankes und der Anerkennung mehr oder weniger geräuschlos das Haus verlassen, sobald ihr Arbeitsverhältnis endet. Dies liegt in der Natur der Sache. Es besteht also kein Anlass, auf derartige Fälle hier noch besonders einzugehen.

Selbstverständlich ist andererseits aber auch, dass Mitarbeiter, die längere Zeit einen wertvollen Beitrag geleistet haben, wenn sie ihre Altersgrenze erreicht haben oder aus gesundheitlichen oder familiären Gründen ausscheiden müssen, mit einem Ritual verabschiedet werden, das die ihnen für ihre Arbeit gebührende Anerkennung und Dank zum Ausdruck bringt. Die Tatsache, dass dies allgemein üblich ist, ist sicher auch ein Zeichen unserer Kultur und der Ausdruck von Anstand gegenüber den Betroffenen. Diese Praxis entspricht jedoch zugleich auch dem Grundbedürfnis nach Wertschätzung und Anerkennung der Kollegen, die an der Arbeitsstelle zurückbleiben (Stufe 4 nach Maslow). Kommt damit doch auch zum Ausdruck, wie viel Wert der Arbeit der an diesem Ort Beschäftigten von Seiten der Führung generell zugemessen wird. Wie zuvor schon in Bezug auf verschiedene andere Situationen angesprochen [101], ist es für Vorgesetzte daher wichtig, sich immer vor Augen zu halten, dass die Art ihres Umgangs mit einzelnen Mitarbeitern regelmäßig auch auf deren Kollegen durchschlägt. Da die meisten Mitarbeiter im Verhältnis zur Führung vergleichbare Rollen einnehmen, kommt es ansonsten fast zwangsläufig dazu, dass sie sich gegenseitig miteinander identifizieren. Dabei dürften auch die Spiegelneuronen wieder ihre Wirkung entfalten [102] sowie die Tatsache, dass in der Regel einige Mitarbeiter durch Freundschaften über den Beruf hinaus mit Kollegen verbunden sind und es, auch wenn diese sich beruflich verändern, weiterhin bleiben.

Diesem Gesichtspunkt muss auch dann Aufmerksamkeit gelten, wenn Mitarbeiter nach eigenem, freien Entschluss vorzeitig das Team verlassen möchten, um – aus welchen Gründen auch immer – neue Wege einzuschlagen. Es kommt jedoch leider immer wieder mal vor, dass Führungskräfte gekränkt reagieren, wenn sich Mitarbeiter beruflich verändern wollen, vor allem dann, wenn diese bisher eine wichtige Funktion im Team eingenommen haben. In diesen Fällen muss aber die bekannte Redewendung gelten, dass man *„Reisende nicht aufhalten“* soll. Dies gilt auch dann, wenn der Verlust nur schwer zu verkraften und die persönliche Enttäuschung groß ist! Es hat auch gar keinen Sinn, einen „Reisenden“ aufzuhalten, selbst wenn es gelingen würde; denn mit Herz und Kopf wäre er jedenfalls weg. In Anbetracht dessen ist es ein großer Fehler, auf ein solches Ansinnen mit irgendwelchen negativen Sanktionen zu reagieren! Es wäre unfair und würde nicht nur das Grundbedürfnis nach Selbstverwirklichung (Stufe 5 nach Maslow) des wechselwilligen Mitarbeiters verletzen, sondern auch das aller organisatorisch mit ihm verbundenen Kollegen. Alle die den Anspruch haben, ein selbstbestimmtes Leben zu führen, müssten sich dadurch gewissermaßen „in Geiselhaft genommen“ fühlen, mit einer äußerst negativen Wirkung auf die Motivation und Bindung an diesen Arbeitgeber. Dazu kommt, dass ggf. auch davon auszugehen ist, dass der unmittelbar Betroffene, seinerseits zu Recht gekränkt, in der Zukunft nichts Gutes über diesen Arbeitgeber bzw. die verantwortlichen Vorgesetzten verbreiten wird. Auch all die Mitarbeiter, die auf eigenen Wunsch ausscheiden, sollten demnach, selbst wenn es einem persönlich schwer fallen sollte, in einer wertschätzenden Art und Weise mit einer positiven Würdigung ihres bisher geleisteten Beitrags verabschiedet werden!

6

Selbstfürsorge der Führenden

Die vorausgehenden fünf Kapitel waren nahezu ausschließlich den Führungsfragen gewidmet, die sich mit Blick auf die Wirkung bei den Mitarbeitern stellen. Was nützt es aber, wenn die Mitarbeiter glücklich sind, weil sie gut geführt werden, aber die Menschen, die sie führen, nach kurzer Zeit erkranken?! Damit ist dann weder dem Unternehmen und dessen Zielen noch seinen Mitarbeitern gedient! – In diesem Abschnitt soll es nun deshalb ausschließlich und möglichst umfassend darum gehen, wie Führungskräfte **„Führung leben“** sollten, um zu erreichen, dass sie dabei auch selbst zufrieden und gesund bleiben.

Zunächst sei klargestellt: Es wird wohl nirgendwo eine Führungskraft geben, die für sich in Anspruch nehmen kann, in den Stürmen des Arbeitsalltags, die man als Vorgesetzter zu bestehen hat, all den in diesem Buch aufgeführten Anforderungen einer gehirn- bzw. menschengerechten Führung stets und überall voll gerecht werden zu können. Dem stehen in vielen Situationen schon allein die eigenen Bedürfnisse und vor allem auch Emotionen entgegen. – Um es auf den Punkt zu bringen – auch Führungskräfte sind Menschen und sollen es auch bleiben! Und genau da setzt der erste wichtige Grundsatz an, den sich alle Vorgesetzten zu Herzen nehmen sollten, wenn sie gesund bleiben möchten:

Ich bleibe der, der ich bin – auch im Verhältnis und im Umgang mit meinen Mitarbeitern. Ich nehme keine fremde Rolle an und zeige auch meine Gefühle. [103]

Menschen, die dauerhaft „eine Rolle spielen", verlieren nicht nur sich selbst, sondern sie verlieren mit ihrer Authentizität das individuelle Charisma ihrer Persönlichkeit, mit der sie als Vorbild andere für sich und ihre Ziele gewinnen können. [104] In Bezug auf ihre Gesundheit noch viel wichtiger ist der Aspekt, dass sie mit der fremden Rolle zusätzlich zu den ohnehin unvermeidlichen Herausforderungen und Belastungen ständig auch noch Kraft einsetzen müssen, um ihre „Tarnung" aufrechtzuerhalten. Es geht ihnen dann wie einem Ritter, der jederzeit und überall seine Rüstung mit sich herumtragen muss! – Wer sich nicht verstellt, kann auch nicht enttarnt werden, ist also frei und unverkrampft. Wer sich erlaubt, auch seine Gefühle zu zeigen, wirft Ballast ab und bietet auch den Mitarbeitern die Möglichkeit, so zu reagieren, wie es der wahren Gemütslage entspricht. Damit schafft er menschliche Nähe, was nicht nur dem sozialen Grundbedürfnis der Mitarbeiter nach Zugehörigkeit (Stufe 3 nach Maslow), sondern auch seinem eigenen entgegen kommt. [72] Jede Führungskraft macht ohnehin irgendwann die Erfahrung, dass mit ihrer exponierten Rolle und Verantwortung auch Einsamkeit verbunden ist. Psychologen und Psychiater sind sich einig, dass Einsamkeit krank macht. [105] Weshalb sollte man also in der Führungsrolle zusätzliche Energie aufwenden, um diesen negativen Effekt sogar noch zu verstärken?! All dies sind wichtige Aspekte sowohl mit Blick auf den Zusammenhalt im Team als auch zum Erhalt der eigenen Gesundheit. Deshalb gilt:

Ich begegne meinen Mitarbeitern natürlich, unverkrampft und offen, so wie es meinem Naturell entspricht. [106]

An vielen Arbeitsplätzen in Deutschland ist es inzwischen üblich, sich auch im Umgang zwischen Vorgesetzten und Mitarbeitern zu duzen. Diese Praxis entspricht dem Sprachgebrauch im angelsächsischen Kulturraum und hat mit dem zunehmenden Gebrauch der englischen Sprache auch hier mehr und mehr Fuß gefasst. Dagegen ist nicht das Geringste einzuwenden, wenn dies mit der inneren Haltung der

Beteiligten übereinstimmt. Wenn Führungskräfte allerdings glauben, die beschriebene positive Wirkung schon allein dadurch erzielen zu können, dass sie ihren Mitarbeitern das „Du" anbieten, ihnen aber unverändert nicht auf Augenhöhe, sondern von oben herab begegnen, unterliegen sie einem folgenschweren Irrtum! Denn damit erreichen sie letztlich genau das Gegenteil. Denn sobald die Mitarbeiter wahrnehmen, dass das ihnen angetragene „Du" lediglich Fassade ist und sich nichts an dem gelebten und gefühlten Machtgefälle zwischen dem Chef und ihnen ändert, werden sie innerlich auf Distanz gehen und sich zurückziehen, um sich gegen die Herabsetzung zu schützen und sich ihren Selbstwert zu bewahren. [107]

Unter den gleichen Gesichtspunkten sollten es Vorgesetzte andererseits auch unbedingt vermeiden – sei es mit oder ohne Duzen – ihren Mitarbeitern zu nahe zu treten. In einer der Empfehlungen (auf Seite 93) habe ich bereits darauf hingewiesen, dass z. B. auch Witze zu Lasten von Mitarbeitern ihnen gegenüber eine Grenzverletzung darstellen. Aber auch mit Blick auf die Führungskraft selbst ist es nicht angeraten, das Verhältnis zu persönlich zu gestalten, da dies die Mitarbeiter dazu herausfordert, mögliche Meinungsverschiedenheiten, über die Grenzen einer wünschenswerten sachlichen Kritik hinaus [108], ebenfalls sehr persönlich auszutragen. Die mit derartigen Grenzüberschreitungen zwangsläufig verbundenen Kränkungen des Vorgesetzten können eine nachhaltige Störung des gegenseitigen Verhältnisses und darüber hinaus dessen eigenen Wohlbefindens und so langfristig auch eine Beeinträchtigung der Gesundheit zur Folge haben. Daraus folgt der Grundsatz:

Ich achte auch bei einem wünschenswert unverkrampft offenen Verhalten gegenüber den Mitarbeitern darauf, dass die Grenzen eines den Rollen angemessen achtungsvollen gegenseitigen Umgangs gewahrt bleiben. [109] – *Es gilt also:*

Natürlich, offen und kooperativ – ja !

Plump kumpelhaft – nein !

Eine weitere Gefahr, der viele Führungskräfte ausgesetzt sind, ergibt sich daraus, dass sie über einem oft extremen Engagement für ihre Aufgaben generell dazu neigen, ihre anderen Emotionen und Gefühle zu übersehen oder zu verdrängen, was die **Vernachlässigung der eigenen Bedürfnisse** zur Folge hat. Dafür zahlen sie auf Dauer einen hohen Preis! Der Wirkungszusammenhang wurde in Kapitel 3 (S. 45 f.) bereits erläutert: Da unserem Gehirn in der Verarbeitung der dort eintreffenden Sinneseindrücke sowie in der Folge auch in dem, was wir wahrnehmen, relativ enge Grenzen gesetzt sind und weil bei der deshalb erforderlichen Auslese solche Nervenreize Vorrang haben, die mit den stärkeren Emotionen verbunden sind, treten die leisen Vorboten von Krankheiten sowie die seelischer oder familiärer Krisen leicht in den Hintergrund. Dieser Effekt wird ggf. durch eine hohe Stressbelastung sogar noch verstärkt. Unabhängig von der Frage, wie dem Stress begegnet werden kann, auf die ich später noch eingehen werde, ist es also geboten, den absehbar schlimmen Folgen der Vernachlässigung der eigenen Bedürfnisse vorzubeugen!

Dies darf auf der anderen Seite jedoch nicht dazu führen, dass im Umgang mit den Mitarbeitern die eigenen Bedürfnisse und Emotionen spontan und hemmungslos ausgelebt werden. Führungskräfte die das tun, sind zwar nicht den eben beschriebenen Risiken für ihre eigene Gesundheit ausgesetzt, setzen dafür jedoch die ihrer Mitarbeiter aufs Spiel. Das sind genau die Vorgesetzten, die in erster Linie für die im zweiten Kapitel dargelegte desolate Situation der Arbeitnehmerschaft in Deutschland verantwortlich sind, und eignen sich somit nicht als Modell für ein menschengerechtes Führungsverhalten. – Aber wie können Sie dieser Zwickmühle entrinnen? – Ihre Antwort muss lauten:

Ich schaffe Gelegenheiten für einen regelmäßigen Perspektivwechsel, indem ich mich abseits von meinem beruflichen Umfeld mit Menschen treffe, denen ich uneingeschränkt vertraue, um mich offen über meine Arbeits- und Lebenssituation auszutauschen.

Für einen derartigen **Austausch im Gespräch** kommen vor allem Menschen in Frage, die selbst die Herausforderungen kennen, denen Führungskräfte typischer Weise ausgesetzt sind. Neben einem geeigneten Arzt oder Psychotherapeuten sind hierfür besonders auch sog. Intervisionsgruppen geeignet, die sich aus Personen zusammensetzen, die sich in einer vergleichbaren Situation befinden, jedoch nicht demselben Unternehmen angehören. Selbstverständlich können sich solche Gelegenheiten auch im Freundeskreis ergeben. Der hier beschriebene Bedarf ist auch der Grund dafür, weshalb in den letzten Jahren immer mehr Coaches ihre Dienste anbieten, da deren Arbeit gezielt auf die Begleitung von Führungskräften ausgerichtet ist. Solche Gespräche bieten Raum, dem eigenen Befinden immer wieder mal mit Abstand und Blick von außen auf den Grund zu gehen und bei Bedarf Korrekturen einzuleiten.

Ein Punkt im Verhalten von Führungskräften, der ebenfalls häufig und immer wieder einer Korrektur bedarf, ist ein gerade bei diesen sehr verbreiteter **Perfektionismus**, der sich oft auch in dem Drang äußert, **alles selbst machen** zu wollen. – Es gibt gute Gründe dafür, dass dies besonders Führungskräfte erleben. War es doch sicher in vielen Fällen genau diese mit einem hohem Selbstanspruch verbundene Leistungsbereitschaft, die die Betreffenden in ihre Führungsposition geführt hat und es fällt immer schwer, von erfolgreichen Rezepten abzulassen. Aber genau dies ist hier erforderlich, wenn man gesund bleiben will! Die psychosomatischen Kliniken sind voll von Patienten, denen dies nicht gelungen ist und die nun – nicht selten nach einem Herzinfarkt oder Schlaganfall oder nach dem Zerfall ihrer Familien – wegen eines sog. "Burnoutsyndroms" behandelt werden müssen. Die folgenden **drei Thesen** weisen einen Ausweg aus dieser gefährlichen Falle. – **Erste These:**

Wer führt, muss die Richtung bestimmen und vorangehen. Die Ausführung ist die Sache der Mitarbeiter. Mit der Sorge für ein günstiges Umfeld, gezielter Delegation, der nötigen Hilfestellung und den Rückmeldungen bleibt genug zu tun.

An dieser Stelle sei daran erinnert, dass Mitarbeiter es als Anerkennung und Wertschätzung (Stufe 4 nach Maslow) erleben, wenn ihnen anspruchsvolle Aufgaben übertragen werden (Kapitel 4 Seite 63). Jede angemessene Delegation kann somit in doppelter Hinsicht eine positive Wirkung erzielen. – Für all die, die dennoch den Einwand erheben, dass sie manche Aufgaben selbst besser erledigen könnten als irgendeiner ihrer Mitarbeiter, sei angemerkt, dass es darauf im Normalfall gar nicht ankommt. Meist reicht es aus, wenn eine Aufgabe einfach nur erledigt wird! Denn hier gilt die sicher den einen oder anderen Leser verblüffende **zweite These**:

Brauchbar ist besser als perfekt.

Dieser These liegt die schlichte Logik zugrunde, dass es – jedenfalls im Normalfall – immer auch darauf ankommt, wie hoch der Aufwand ist, um ein erwünschtes Ergebnis zu erreichen. Das heißt: Wenn das Mittel „brauchbar" ist, um das Ziel zu erreichen, weshalb sollte dann ein an Zeit und Kraft erheblich höherer Aufwand betrieben werden?! Um dies anhand eines simplen Vergleichs nochmal zu verdeutlichen: Wer würde auf seinem Nachhauseweg mit einer schweren Einkaufstasche freiwillig einen Umweg von ½ Stunde in Kauf nehmen, nur um dabei einen Blick auf die malerische Altstadt werfen zu können, wenn ihm hierfür ein Trampelpfad zwischen den Häusern zur Verfügung steht, der nur fünf Minuten beansprucht ?! Entscheidend ist nur, dass man mit dem Einkauf zu Hause ankommt!

Frei nach dem Sprichwort, dass *„aller guten Dinge drei"* sind, möchte ich dem noch eine **dritte These** folgen lassen:

**Man kann es nicht jedem Recht machen
und dies ist auch nicht erforderlich.**

Wie oben festgestellt, ist es die originäre und typische Aufgabe von Führungskräften, im Rahmen der ihnen übertragenen Verantwortung die Richtung zu bestimmen. Da jedoch verschiedene Menschen auch unterschiedliche, ja teilweise sogar sich widersprechende Interessen haben, also jeweils eine andere Richtung einschlagen würden, ist mit der Führungsrolle zwangsläufig verbunden, zu entscheiden, welcher der diversen Interessen Vorrang gebührt, und damit den einen oder anderen zu enttäuschen. Wer jedoch all diesen Erwartungen volle Geltung verschaffen möchte, verliert die klare Linie und wird so meist auch sein Ziel verfehlen. [110] Sogar wenn es gelingt, einen Ausgleich oder Kompromiss zwischen den diversen Positionen zu erreichen, ist es leider höchst selten, dass alle Beteiligten ganz zufrieden sind.

So schwer es manch einem auch fallen mag, sich diese Gedanken zu eigen zu machen, so wichtig ist es doch, sie sich immer wieder vor Augen zu führen, um im Interesse der eigenen Gesundheit, ja mehr noch, um zu überleben, wenigstens den hemmungslosen Auswüchsen der Untugend, alles selbst und perfekt machen zu wollen, etwas entgegenzusetzen.

Mit Blick auf die Mitarbeiter habe ich bei den Konsequenzen, die sich aus den wissenschaftlichen Erkenntnissen für ein menschengerechtes Führungsverhalten ergeben, mit den **Auswirkungen von Stress** begonnen und diese auf den Seiten 50 bis 54 differenziert dargelegt. Was diese grundlegenden Zusammenhänge betrifft, gelten diese selbstverständlich für alle Menschen in gleicher Weise und somit auch für die Führungskräfte, so dass ich insoweit auf meine Ausführungen in Kapitel 4 Bezug nehmen kann. Während jedoch bei den Mitarbeitern die Stressvermeidung im Vordergrund steht, muss im Rahmen der Selbstfürsorge der Führungskräfte, da diese Stress wohl nie ganz vermeiden können, das Augenmerk nun vor allem der **Stressbewältigung** gelten. Diesem Thema kommt herausragende Bedeutung zu, wenn sich Führungskräfte ihre eigene Gesundheit erhalten möchten. Maßgeblich für alle Rezepte und Strategien, die a. a. O. aufgezeigten Risiken für die Gesundheit, die von Stress ausgehen zu reduzieren, ist die folgende Erkenntnis:

Das Problem ist nicht Stress als solcher, sondern der Stress, der über längere Zeit anhält, ohne durch angemessene Phasen der Erholung unterbrochen zu werden.

Die Ursache der enormen Risiken für die Gesundheit, die mit anhaltendem Stress verbunden sind, ist der fortgesetzte „Beschuss" des Körpers mit leistungssteigernden Hormonen, vor allem mit in den Nebennieren gebildetem Adrenalin und Cortisol. Folglich muss jede Maßnahme zur Abwendung stressbedingter Gesundheitsschäden darauf abzielen, möglichst viele Unterbrechungen dieses endokrinologischen Prozesses und so eine Normalisierung des Hormonspiegels im Körper zu bewirken. Die Möglichkeiten, solche Pausen entstehen zu lassen, sind im Ansatz und in der Wirkung sowie vor allem auch im Aufwand recht unterschiedlich. Es würde den Rahmen dieses Buches sprengen, hier erschöpfend auf all diese Aspekte einzugehen. Angesichts der Tatsache, dass es nur wenige psychologische Themen gibt, zu denen sowohl auf dem Büchermarkt als auch im Internet ein reichhaltigeres Informationsangebot besteht [111], will ich mich deshalb hier im Wesentlichen auf einige wenige, im Alltag besonders gut umsetzbare Anregungen beschränken.

Es sind Binsenweisheiten, dass ein großzügiges Zeitmanagement, die Einschränkung der Erreichbarkeit (Handy!), viel Schlaf, eine erfüllte Partnerschaft sowie Freiräume für selbstbestimmte Aktivitäten, insb. solche mit viel Bewegung, eine positive, entspannende Wirkung entfalten können. Mithin ist es entbehrlich, dies hier im Einzelnen zu erörtern. Angesichts der gerade bei Führungskräften verbreiteten Neigung, sich nach der Arbeit mit anderen in fordernden Sportarten (Tennis!) zu messen, besteht jedoch Anlass für den Hinweis, dass mit sportlichen Aktivitäten der erwünschte Effekt letztlich nur dann zu erzielen ist, wenn mit ihnen nicht nur der eine stressfördernde Faktor durch einen anderen ersetzt wird. Aus einer in solchen Fällen nicht seltenen zusätzlichen körperlichen Erschöpfung können sich vielmehr sogar gegenteilige, schädliche Folgen für die Gesundheit ergeben!

Auch die seit vielen Jahren eingeführten, als Entspannungstechniken bewährten, in ihrer positiven Wirkung allgemein anerkannten und weitgehend sogar von den Krankenkassen finanzierten Angebote Autogenes Training, Yoga und Progressive Muskelentspannung nach Jacobsen sind gut geeignet, einen wirksamen Ausgleich zu erzielen. Eine effektive Nutzung dieser Angebote, von deren differenzierten und eingehenden Erläuterung ich an dieser Stelle aus o. a. Gründen ebenfalls absehe, setzt allerdings eine qualifizierte fachliche Anleitung voraus und ist insb. dann, wenn sie regelmäßig in Gruppen außer Haus stattfinden, an Termine gebunden. Das damit verbundene Erfordernis an Disziplin und zusätzlichem Zeitmanagement kann oft ein Grund sein, von diesen Angeboten keinen Gebrauch zu machen.

Es seien hier deshalb nun **Wege der Stressbewältigung** aufgezeigt, die von jeder Führungskraft ohne zusätzlichen Aufwand in die Abläufe des Alltags integriert werden können. Auch an dieser Stelle gilt wieder das Sprichwort „*Aller guten Dinge sind drei.*" – Für diese drei Wege stehen die drei Buchstaben **D**, **A** und **S** für „das", was zu tun ist:

danken – **a**chten – **s**prechen

Was ist damit gemeint?

Zu D: Seien Sie dankbar! – Es gibt immer einen Grund.

Dankbarkeit ist ein Element der sog. „Positiven Psychologie". Dies sind die psychologischen Schulen, die sich schwerpunktmäßig nicht mit den Defiziten des Menschen, sondern mit seinem positiven Potential und dessen Entwicklung befassen. Auch dieser Begriff wurde von Abraham H. Maslow geprägt, dessen Bedürfnislehre uns nun bereits durch das ganze Buch begleitet. Die so bezeichnete psychologische Orientierung darf nicht mit der Methode „Positives Denken" verwechselt werden, die gelegentlich insb. auch in Seminaren, die einer Weiterentwicklung der Persönlichkeit dienen sollen, vermittelt wird. Während das so propagierte „Positive Denken“ schnell in den Bereich der Esoterik abgleiten kann und von manchen Vertretern der wissenschaftlichen Psychologie wegen der damit bei labilen und unkritischen Menschen verbundenen Risiken auch kritisch gesehen wird, zeigen die Ergebnisse wissenschaftlicher Studien, dass Dankbarkeit in jeder Hinsicht eine ausschließlich positive Wirkung auf die Gesundheit und das Wohlbefinden der Menschen entfaltet.

Die neurobiologischen Zusammenhänge lassen sich hier wie folgt skizzieren: Im Stammhirn des Menschen ist grundsätzlich eine skeptische, kritische Grundhaltung angelegt. Denn diese Grundhaltung hat die Menschen in der Frühzeit ihrer Entwicklung davor bewahrt, Risiken und Gefahren zu arglos zu begegnen und ihnen damit evolutionär letztlich das Überleben gesichert. Auch die unter den Menschen weltweit verbreitete Aversion gegen alles Fremde (Xenophobie), die wir z. B. immer wieder auch im Umgang mit Flüchtlingen aus anderen Kulturen erleben, lässt sich u. a. mit dieser Grundhaltung erklären. Ein kritischer Ansatz ist gleichzeitig auch Motor für jede individuelle und gesellschaftliche Weiterentwicklung. Denn, wer mit allem zufrieden ist, was ihn gerade umgibt, wird regelmäßig dazu neigen, „seine Hände in den Schoß zu legen“. Ein derart unkritisches Gemüt hätte die Menschen sicher nicht weitergebracht und sie langfristig wohl sogar in ihrer Existenz gefährdet. – Auf der anderen Seite ist diese negative Tendenz aber ein wesentlicher Auslöser von Stress. Denn es kommt immer darauf an, wie der Einzelne eine Situation individuell beurteilt. Wer z. B. der Tatsache, eine Rede halten zu müssen, mit Angst entgegen sieht, ist dadurch starkem Stress ausgesetzt. Im Gegensatz dazu ist mit den positiven Gefühlen und Gedanken eines anderen, der erfreut ist, sich öffentlich profilieren zu können, nur relativ wenig Stress verbunden. Abhängig davon, wie wir eine Situation bewerten, ist demnach auch die mit ihr verbundene Stressbelastung sehr unterschiedlich. – Dementsprechend hat auch schon der griechische Philosoph Epiktet, der uns bereits auf Seite 24 begegnet ist, klargestellt, dass *„nicht die Dinge selbst die Menschen beunruhigen, sondern ihre Meinungen und Urteile über die Dinge.“*

Es ist aber nicht erforderlich, die Dinge, so wie sie nun einmal sind, krampfhaft zu beschönigen! Vielmehr reicht es vollkommen aus, den Blick nicht immer nur auf die misslichen Umstände des Lebens zu richten, sondern nach Möglichkeit auch auf die guten. Dadurch verlieren zwangsläufig die Punkte, die Stress auslösen können, an Einfluss auf das Bewusstsein und damit auch auf unser Wohlbefinden. William James, der Begründer der wissenschaftlichen Psychologie in den USA im 19. Jahrhundert hat den folgenden Satz geprägt: *„Die stärkste Waffe gegen den Stress ist unsere Fähigkeit, einen Gedanken statt eines anderen zu wählen.“* – Die natürlichste und beste Form, einen anderen, positiven Gedanken zu wählen, ist aber, dankbar zu sein für das, was einem an Positivem begegnet ist oder einen gerade umgibt. Jedenfalls in unseren Breiten ist dies meist eine ganze Menge! Jeder, der schon mal Zahn- oder Ohrenschmerzen zu ertragen hatte, oder regelmäßig an Migräne leidet, weiß, dass man in solchen Situationen nur einen einzigen Wunsch hat, nämlich den, dass diese Schmerzen aufhören. Warum also nicht auch ansonsten dafür dankbar sein, dass man gerade keine Schmerzen oder andere Beschwerden hat?!

Davon lassen sich die folgenden **Empfehlungen** ableiten:

- Beginnen Sie jeden Arbeitstag möglichst mit einem Gedanken der Dankbarkeit für positive Umstände (z. B. für die Möglichkeit, warm zu duschen), oder ggf. dafür, dass morgens typischerweise oft negativ erlebte Umstände ausgeblieben sind (etwa in Bezug auf das Wetter, den Nachtschlaf, die eigene Gesundheit oder die der Kinder etc.)!

- Beenden Sie Ihr Tagwerk mit der dankbaren Anerkennung irgendeines Vorgangs, der an diesem Tag gut ausgegangen ist! Irgendeine Kleinigkeit ist einem in der Regel auch am unerfreulichsten Arbeitstag gelungen, sei es auch nur ein positives Gespräch mit einem Kollegen oder Mitarbeiter. Besonders geeignete Momente dafür sind insb. das Verlassen des Büros oder der Arbeitsstelle sowie die letzten Minuten vor dem Schlafengehen oder die ersten im Bett.

– Machen Sie sich bewusst: Nichts von dem Guten, was wir erleben, ist selbstverständlich! Auch gibt es in fast jeder Situation noch positive Aspekte – oder zumindest „weniger negative“ nach dem Motto „es hätte ja noch viel schlimmer kommen können“. Es lohnt sich immer, sich diese positiven Aspekte dankbar bewusst zu machen. – Oder machen Sie sich das Bild vom halbvollen Glas an Stelle des halb leeren zu eigen! Es wird Ihnen helfen, eine dankbare Grundhaltung einzuüben. In dieser Grundhaltung lassen sich dann evtl. auch solche Gedanken vermeiden, die nur sinnlosen Stress erzeugen, sich aber dennoch immer wieder Geltung verschafffen, wie z. B. die an das Ende eines Urlaubs schon Tage zuvor, während man eigentlich noch entspannt und beglückt in der Sonne des Urlaubsortes sitzen könnte.

– Trainieren Sie die Haltung des „dankbar Seins“, indem Sie diese spielerisch in Ihr alltägliches Denken einbeziehen! Dadurch wird sich die Stressbelastung nachhaltig verringern.

– Wenn Ihnen ausnahmsweise mal überhaupt nichts Dankenswertes mehr einfällt: Nutzen Sie hilfsweise die Möglichkeit eines „kontemplativen Ausflugs“ in die Erinnerung an eine gute Erfahrung in der Vergangenheit (bezogen auf das o. a. Beispiel z. B. an einen erfolgreichen Auftritt als Redner) oder an einen persönlich favorisierten Ort der Ruhe und des Glücks (z. B. den geliebten Angelplatz, Urlaubsort oder Liegestuhl im eigenen Garten etc.)! [112]

– Suchen Sie sich also einen ganz persönlichen entspannenden Weg in Ihr eigenes kleines „Land des Lächelns“ und begehen Sie diesen dann zwischendurch so oft, wie und wann immer möglich!

Zu A: Achten Sie darauf, was Sie gerade wahrnehmen!

Man kann diesen Punkt auch mit dem Begriff „Achtsamkeit“ benennen, dessen historischer Ursprung und das, was er im weiten Sinn umfasst, in der Lehre und Tradition des Buddhismus liegt. Ich nehme diesen Begriff jedoch bewusst nicht in Anspruch, um zu vermeiden, dass dem, was ich hier anrege, ideologische Vorbehalte begegnen.

Ein allgemein anerkanntes Element der Achtsamkeit ist die Meditation. Diese in der Anwendung anspruchsvolle und für uns im Westen geprägte Menschen i. d. R. immer noch recht fremde Welt umfasst viele spezielle Aspekte und setzt regelmäßig das Frequentieren eines entsprechenden Kurses voraus. Sie wird deshalb wohl nur für Wenige zum alltäglichen Gebrauch in Betracht kommen.

Meine Empfehlung ist vielmehr dem inzwischen auch im westlichen Kulturkreis fest verankerten Angebot der Psychotherapie entnommen und kann von jeder und jedem überall alltäglich ohne besondere Schulung umgesetzt werden. Voraussetzung ist nur, dass man sich die Zusammenhänge bewusst macht und sich im Alltag immer wieder darum bemüht, sich daran zu erinnern. – In diesem Sinn „achtsam" zu sein, bedeutet „voll und ganz bewusst in der Gegenwart zu leben – nur beobachtend, nicht bewertend" [113] – ein Zustand, der auch in dem hierfür im Englischen verwendeten Begriff „mindfulness" recht gut abgebildet ist. [114]

Was sind hier **die neurobiologischen Zusammenhänge** ?

Wie im Kapitel 3 (Seite 45) bereits dargelegt, können von den mehr als 10 Millionen Sinnesreizen, die das Gehirn pro Sekunde erreichen, dort jeweils nur sehr wenige verarbeitet werden. Für die Stressbewältigung hat dies die Konsequenz, dass dann, wenn sich jemand gezielt auf seine elementaren, also vor allem die körperlichen Wahrnehmungen im „Hier und Jetzt" konzentriert, ohne sie zu bewerten, die ihn belastenden psychischen Stressoren, die Gedanken über all das, was er in der Vergangenheit erlebt hat bzw. das, was ihm in der Zukunft – möglicherweise „drohend" – noch bevorsteht, in den Hintergrund treten. Anders ausgedrückt: Wenn wir uns in der Gegenwart bewusst machen, was wir im konkreten Moment gerade erleben, entreißt uns das der Regie der für unseren Stress in erster Linie verantwortlichen unbewussten Vorgänge (d.h. unseren Reflexen, Intuitionen, Gefühlen, Glaubenssätzen und Antreibern) und verschafft uns so die für die Reduktion von Stress bzw. den Abbau des schädlichen Cortisolüberschusses förderlichen kleinen Erholungsphasen. – Wohl die meisten Menschen haben schon die positive Erfahrung gemacht, welch eine entspannende Wirkung nach einem belastenden Arbeitstag z. B. von einem Saunabesuch oder dem heißen Schaumbad in der heimischen Badewanne ausgeht. Der gleiche Effekt, wenn auch nur in ganz kleinen Dosen, lässt sich mit der beschriebenen Fokussierung auf das aktuell und unmittelbar Erlebte erzielen.

Für die Nutzung dieser Erkenntnis beim alltäglichen Stressmanagement gebe ich die folgenden **Empfehlungen**:

– Nutzen Sie die regelmäßig anfallenden Wege, z. B. auf die Toilette, in die Geschäftsstelle oder die Kantine, um ihren Körper, Ihre eigene Bewegung und auch die Umgebung (Sonne, Regen, Wind, Vogelgezwitscher etc.) bewusst wahrzunehmen!

– Oder beim Essen: Machen Sie sich bewusst, dass Sie meist schon einen Schritt voraus sind und achten Sie darauf, jeden Bissen erst auf der Zunge zu genießen, zu zerkauen und zu schlucken, bevor Sie schon den nächsten wieder auf die Gabel nehmen! Legen Sie dazu evtl. das Besteck zur Seite und – besonders wichtig – vermeiden Sie die Erörterung beruflicher Probleme während der Mahlzeiten!

– Legen Sie am Arbeitsplatz nach Möglichkeit kleine Pausen ein, um sich zwischendurch mal kurz zu entspannen und tief bis in den Bauch durchzuatmen! Über die im Bauchraum beginnenden Nervenbahnen lassen sich auch die für den Stressabbau maßgeblichen Regionen des Gehirns erreichen. Spüren Sie Ihrem Atem nach und führen Sie dazu evtl. auch kleine gymnastische Bewegungen aus!

Wer auf diese Weise auf seine körperliche Befindlichkeit achtet, reduziert zugleich auch das oben auf Seite 122 beschriebene Risiko, die leisen Signale, die auf gesundheitliche Störungen hinweisen, zu übersehen. Und wem es dauerhaft sogar gelingt, in der dargelegten Art und Weise Achtsamkeit mit einer Grundhaltung von Dankbarkeit und der positiven autosuggestiven Wirkung von gedanklichen Ausflügen in eine heile Welt zu verbinden, wird den negativen Wirkungen seiner alltäglichen Stressoren auf Dauer weitgehend den Boden entziehen.

Zu S: Sprechen Sie darüber! – Dadurch wird es leichter.

Es wird aber natürlich immer wieder auch Ereignisse geben, die mit so heftigem und nachhaltigem Stress verbunden sind, dass es nicht mehr ausreicht, dankbar und achtsam zu sein, um wieder Abstand zu gewinnen. – Solche „großen Brocken“ können am besten dadurch „klein gemacht“ werden, dass man darüber spricht und sich damit entlastet. Nach einer schon vor Jahren an der Johannes-Gutenberg-Universität Mainz erarbeiteten Studie ist das Sprechen über die den Stress auslösenden Probleme eine sehr wirkungsvolle Strategie, um die Stresslast zu reduzieren. [115]

Die Gesprächsformate, die von Führungskräften hierfür genutzt werden können, sind im Wesentlichen die gleichen, die sich auch dafür eignen, die eigenen Bedürfnisse im Auge zu behalten, so dass ich insoweit auf meine Ausführungen hierzu auf Seite 123 Bezug nehmen kann. Durch die Nutzung derartiger Gesprächsangebote ergibt sich daher ggf. sogar ein äußerst nützlicher Synergieeffekt!

ooo

oooooooooooooo

ooooooooooooooooooooooooooooo

oooooooooooooo

ooo

7

Das ABC und **die 10 Gebote erfolgreicher Führung**

Die Ausgangslage:

Es gibt weder einen Hebel noch ein anderes Werkzeug, mit dem man unmittelbar **auf Mitarbeiter einwirken** kann. Der hierfür notwendige Zugang zu ihnen führt ausschließlich **über** ihre **Bedürfnisse, Gefühle** und **Spiegelneuronen.**

Die einzige Möglichkeit, Menschen effektiv zu führen und damit die **Aufgabe von Vorgesetzten** ist es also,

A sich in **angstfreier Atmosphäre auf Augenhöhe**

B um eine gelingende menschliche **Beziehung zu den Mitarbeitern** zu bemühen, um sie auf dieser **Basis**

C durch **Vorbild** (**Copy**) für die vorgegebenen Ziele zu gewinnen und sie so auf den gemeinsamen Weg zum erwünschten Erfolg mitzunehmen.

Daraus folgt :

Das erste Gebot: Sei Vorbild !

Gute Führung beginnt immer beim Führenden selbst. Denn er wirkt als Modell. Also beginne bei dir!
Besonders wichtig sind:

* **Loyalität** zu den eigenen Vorgesetzten (Illoyalität steckt an und setzt sich fort!)
* **Ehrlichkeit** und **Verlässlichkeit** (vor allem auch in Bezug auf die Personalplanung!)
* **Geradlinigkeit** und **Berechenbarkeit** (nur wenn die eigene Richtung klar erkennbar ist, wissen die Mitarbeiter, wohin sie folgen sollen. – *Nur wer ein Ziel hat, kann „es" auch erreichen.*
* **Hilfsbereitschaft** (Mitarbeiter bei Schwächen und Problemen schützen und unterstützen, nicht herabsetzen!)

Grundsatz: Sei so zu den Mitarbeitern, wie du von deinen Vorgesetzten behandelt werden möchtest.

Das zweite Gebot: Bleibe bescheiden und demütig !

Du bist nicht Gott! Du bist jedoch bereits Vorgesetzte(r) und deine Mitarbeiter wissen das auch. Somit musst du es nicht immer wieder demonstrieren! Also bemühe dich um einen tragfähigen menschlichen **Kontakt auf Augenhöhe** und zeige auch deine Gefühle!
Zu große Distanz erzeugt Angst und unproduktiven Stress, macht auf Dauer krank und mindert deinen Einfluss auf die Mitarbeiter und ihre Identifikation mit dir und deinen Zielen.

Aber: Sei offen und kooperativ, nicht plump „kumpelhaft" !

Das dritte Gebot: Akzeptiere es, dass kein Mensch vollkommen ist !

Nur Gott ist perfekt! Wenn du **deine eigenen Schwächen** nicht verbirgst, können sie auch nicht „aufgedeckt“ werden; das macht dich frei und glaubwürdig. - Wenn du **deine Mitarbeiter** nur nach ihren Fehlern und Schwächen bewertest, verbreitest du leistungshemmende Angst und vergeudest ihr Potential!

Das vierte Gebot: Bedenke, dass der Mensch nicht von Vernunft, sondern von seinen Bedürfnissen und Gefühlen geleitet wird !

Die Bedürfnisse der Mitarbeiter sind dein „Schlüssel“. Jeder Mensch ist motiviert, die Frage ist nur wozu. Entscheidend ist also, ob es dir gelingt, die Motivation der Mitarbeiter über ihre Bedürfnisse auf ihre Aufgaben und deren Ziele zu lenken. **Bedenke**: Gefühle, vor allem Störungen haben Vorrang. Die Bedürfnispyramide nach Abraham Maslow weist dir den Weg.

▲

!

Dabei ist es wichtig zu wissen: Es ist das Bedürfnis aller Menschen, dass sie „**dazu gehören**“, und alle streben **unersättlich** nach **Anerkennung** und **Selbstentfaltung**.

Das fünfte Gebot: Übernimm Verantwortung ! Führe !

Jeder Mitarbeiter hat **das Grundbedürfnis nach Orientierung und Sicherheit**. Wer sie führen möchte, muss also vorausgehen und Verantwortung übernehmen – durch klare Anweisungen und Rückmeldungen, rechtzeitige Entscheidungen sowie, bei Fehlschlägen, auch die notwendige Rückendeckung.

Das sechste Gebot: Vermeide und unterbinde Ausgrenzung !

Niemand ist gerne einsam. Der Mensch ist ein soziales Wesen. Er hat deshalb auch **das Grundbedürfnis „dazu zu gehören“** und braucht die persönliche Zuwendung in seiner Gruppe. *

Das siebte Gebot: Vermittle Wertschätzung !

Jeder Mensch hat **das Grundbedürfnis nach Anerkennung.**
Also gib sie auch jedem Mitarbeiter

- durch **Informationen** und **Freiräume** für eigenverantwortliches Handeln sowie, soweit möglich, auch dein **Vertrauen**
- die Möglichkeit, sich in deine Planungen einzubringen.

Gib **positive Rückmeldungen**, wo immer sie berechtigt sind!
Gebotene **Kritik** äußere nur unter 4 Augen sachlich und knapp! *

* Ausgrenzung, Demütigung und Kränkungen wirken neurobiologisch wie körperlicher Schmerz; damit sind sie Auslöser für Aggressionen und in der Folge oft Ursache für Störverhalten, innere Kündigung und Krankheit.

Das achte Gebot: Du sollst Konflikte nicht übergehen !

Konflikte sind wie Feuer! Ein Brand muss gelöscht werden! Da Konflikte nur ausnahmsweise von selbst verschwinden, richten sie, je länger sie andauern, einen ständig wachsenden Schaden an. Sie dürfen also nicht ausgeblendet, verdrängt oder ausgesessen – sie müssen ausgeräumt werden!

Das neunte Gebot: Vermeide Niederlagen deiner Mitarbeiter !

Konflikte sollten immer so beigelegt werden, dass die Beteiligten möglichst ihr Gesicht wahren. – Das Bedürfnis nach Rache beim Unterlegenen ist der Schatten eines jeden Sieges. Niederlagen tragen also stets den Keim neuer Konflikte in sich. Ein „Verlierer" *(Loser!)* wird jede Gelegenheit nutzen, sich zu revanchieren. So ist der Sieg von heute deine potentielle Niederlage von morgen!

Das zehnte Gebot: Akzeptiere Grenzen ! 100 % geht nicht !

Wer führt, muss die Richtung bestimmen. – Wer es jedem recht und alles perfekt machen möchte, verliert die klare Linie und viel Zeit, gefährdet seine Gesundheit und verfehlt damit oft sein Ziel.

8

Zitate prominenter Führungspersönlichkeiten von A bis Z

A Ancelotti, Carlo

(*1959) International herausragender, höchst erfolgreicher Fußballtrainer (u. a. AC Parma, Juventus Turin, AC Mailand, FC Chelsea, Paris Saint-Germain, FC Bayern München, SSC Neapel und Real Madrid)

„Es sollte sonnenklar sein, wer das Sagen hat – aber diese Einsicht muss das Ergebnis von Respekt und Vertrauen sein, nicht von Angst. Ich respektiere die Menschen, mit denen ich zusammenarbeite und ich habe ihren Respekt. Respekt ist alles. – Aber das wichtigste Kriterium ist ohnehin Vertrauen. Selbstvertrauen erzeugt Vertrauen – große Führungspersönlichkeiten schenken Vertrauen. – Vorbildwirkung und Beeinflussung durch Vertrauen sind besser als Zwang.

Beziehungen bilden die Grundlage von allem, was ich als Führungskraft tue.

Mitarbeiter müssen … furchtlos die Wahrheit sagen können. Ein solches Klima zu schaffen, ist zu(m) *... eigenen Nutzen. Und es ist kein ‚Nice-to-have', sondern unerlässlich.*

Man muss die Mitarbeiter von respektloser Behandlung durch Kollegen schützen. Natürlich wird des zwischen starken Persönlichkeiten immer Konflikte geben und um die muss man sich schnell kümmern.

Ich suche nach einem Misserfolg in der Regel nach einer Lösung, statt nach einem Schuldigen, dem ich die Schuld zuschieben kann.

Mit den Sportlern zu arbeiten, sie in ihrer Entwicklung zu fördern, Vertrauen und Loyalität aufzubauen, unsere Erfolge gemeinsam zu feiern und Enttäuschungen gemeinsam zu überwinden: All das macht für mich den Kern meiner Tätigkeit aus.“ [116]

B Aristoteles

(384 – 322 vor Christus) Griechischer Philosoph und Naturforscher; einer der bedeutendsten Universalgelehrten der Geschichte.

„Niemand kann gut befehlen, der nicht zuvor gehorchen gelernt hat."

C Benedikt von Nursia

(480 – 547 nach Christus) Hl. Abt und Gründer des Benediktinerordens. Er schreibt in seinen „regula benedicti":

„Der eingesetzte Abt ... wisse, dass er mehr helfen als herrschen soll. Er hasse die Fehler, er liebe die Brüder. Muss er aber zurechtweisen, handle er klug und gehe nicht zu weit; sonst könnte das Gefäß zerbrechen, wenn er den Rost allzu heftig auskratzen will. Stets rechne er mit seiner eigenen Gebrechlichkeit. Er denke daran, dass man das geknickte Rohr nicht zerbrechen darf. Er suche, mehr geliebt als gefürchtet zu werden. Er halte in allem Maß, damit die Starken finden, wonach sie verlangen, und die Schwachen nicht davonlaufen."

D Bernhard von Clairvaux

(1090 – 1153) Kirchenlehrer und Abt des Zisterzienserordens, für dessen Ausbreitung in Europa er verantwortlich war:

„Stehe an der Spitze, um zu dienen, nicht um zu herrschen!"

E Deming, W. Edwards

(1900 –1993) US-amerikanischer Physiker, Statistiker sowie Pionier im Bereich des Qualitätsmanagements:

„Führen sie heraus aus der Angst, damit jeder effektiv für das Unternehmen arbeiten kann!" [117]

F **Drucker, Peter Ferdinand**

(1909 – 2005) Bedeutender US-amerikanischer Ökonom mit jüdisch-österreichisch-deutschen Wurzeln; Pionier der modernen Managementlehre. Bereits im Jahr 1959 prägte er den Begriff der „Wissensarbeit“ und war damit seiner Zeit weit voraus.

„Wissensarbeiter können nicht als Untergebene behandelt werden; sie sind Partner. Sie sind älter oder jünger, nicht aber Vorgesetzte und Untergebene. – Auch wenn sie die ganze Zeit beschäftigt sind, sind immer weniger Menschen "Untergebene" – sogar bei weniger anspruchsvollen Tätigkeiten. Zunehmend sind sie heute ebenfalls "Wissensarbeiter". Und Wissensarbeiter sind keine Untergebenen; sie sind "Mitarbeiter". Nach ihrer Ausbildung müssen sie mehr über ihre Arbeit wissen als ihr Chef – sonst sind sie nichts wert.

Nur wenige Menschen sehen ein, dass sie letztendlich nur eine einzige Person führen können und auch müssen. Diese Person sind sie selbst.

Man soll Menschen nicht "verwalten". Die Aufgabe ist es, Menschen zu führen. Und das Ziel dabei ist, die spezifischen Stärken und Kenntnisse jedes Einzelnen zu fördern.

Die Beziehung zu Mitarbeitern entspricht viel mehr der des Dirigenten eines Orchesters zu den Instrumentalisten, als einer traditionellen Vorgesetzten-Untergebenen-Beziehung. Die Vorgesetzten in einer Organisation, die Wissensarbeiter beschäftigt, können in der Regel die Arbeit der ihnen Unterstellten ebenso wenig ausführen, wie der Dirigent eines Orchesters dort die Tuba spielen kann.

Die Angst vor einer Bedrohung der Gemeinschaft vereint. Aber die Angst vor jemandem in der Gemeinschaft teilt und zersetzt. Sie zerstört beide, den, der die Angst nutzt und den, der sich ängstigt.“ [117]

G Einstein, Albert

(1879 – 1955) Bedeutender Physiker mit jüdisch-deutschen Wurzeln und als Begründer der Relativitätstheorie einer der weltweit angesehensten Wissenschaftler der Neuzeit:

„Jeder ist ein Genie! Aber wenn du einen Fisch danach beurteilst, ob er auf einen Baum klettern kann, wird er sein ganzes Leben glauben, dass er dumm ist.“

H Eisenhower, Dwight D.

(1890 – 1969) Oberbefehlshaber der US Streitkräfte im 2. Weltkrieg und 34. Präsident der USA :

„Wir dürfen nie ehrlichen Dissens mit illoyaler Subversion verwechseln.“ [117]

I Gandhi, Mahatma

(1869 – 1948) Indischer Rechtsanwalt, Publizist und Politiker, der Indien aus der britischen Kolonialherrschaft geführt hat.

„Führung bedeutet heute, wie man mit Menschen auskommt, wie man ihre Qualitäten erkennt, anerkennt und zur Wirkung kommen lässt. Da ich selbst nicht ohne Fehler bin, suche ich auch bei meinen Mitarbeitern nicht nach Fehlern.“

J Goethe, Johann Wolfgang von

(1749 – 1832) Deutscher Rechtsanwalt, Naturforscher, Politiker, Dichter und Philosoph. Als Schöpfer deutschsprachiger Dichtung eine der bedeutendsten Persönlichkeiten der Weltliteratur:

„Wenn wir Menschen behandeln, wie sie sind, dann machen wir sie schlechter; wenn wir sie dagegen behandeln, als wären sie bereits so, wie sie sein sollten, dann bringen wir sie dahin, wohin sie zu bringen sind.“

K Götz, Wolfgang Werner

(1944 – 2022) Gründer und langjähriger Geschäftsführer der Drogeriekette **dm**:

„Führung ist heute nur mehr legitim, wenn sie die Selbstführung der ihr anvertrauten Mitarbeiter anstrebt.“ [117]

L Guardiola, Pep

(* 1971) International sehr erfolgreicher Fußballtrainer
(FC Barcelona, FC Bayern München, Manchester City):

„Erfolgreich führen heißt positive Motivation der Mitarbeiter auf der Grundlage gelingender menschlicher Beziehungen.“

M Heffernan, Margaret

(* 1955) International (USA / GB) tätige und anerkannte Unternehmerin, Fernsehproduzentin, Hochschullehrerin und Autorin

(Mit Mitarbeitern ist es so ...) *„wie aus guten Ideen große Ideen werden, denn keine Idee wird völlig fertig geboren. Es ist etwa so, wie ein Kind geboren wird, freundlich, chaotisch verwirrt, aber voller Möglichkeiten. Nur durch großzügiges Vertrauen, Glauben und Herausforderung kann es sein Potential ausschöpfen.“* [117]

N Henkel, Hans-Olaf

(* 1940) Deutscher Politiker und Publizist. U. a. war er Manager bei IBM, Präsident des Bundesverbandes Deutscher Industrie (BDI) und der Leibnitz-Gemeinschaft

„Mitarbeiter können alles – wenn man sie weiterbildet, wenn man ihnen Werkzeuge gibt, vor allem aber, wenn man es ihnen zutraut.“

O Kahn, Oliver

(* 1969) Vorstandvorsitzender des FC Bayern München. In seiner Zeit als aktiver Sportler von 1995 – 2006 Torwart der deutschen Fußballnationalmannschaft mit internationalem Ansehen (u. a. haben ihn Experten aus 70 Ländern 1999, 2001 und 2002 zum Welttorhüter gewählt).

„Ich bin davon überzeugt, dass Hierarchien schädlich sein können: Es gibt viel Wissen bei den Mitarbeitern, das dann in irgendwelchen Hierarchiestufen versickert. ... Nach meinen Erfahrungen werden Prozesse durch starre Hierarchien extrem verlangsamt."

P Lahm, Philipp

(* 1983) Ehemaliger Kapitän des FC Bayern München und der deutschen Fußballnationalmannschaft; danach Mitglied des DFB-Präsidiums und erfolgreicher Unternehmer

„Ich bin auf Kooperation aus, arbeite gerne zusammen, will die Stärken von allen nutzen, weil man so besser die Schwächen von manchen ausmerzen kann. Für den Erfolg und eine intaktes Gefüge ist es wichtig, dass man akzeptiert, dass andere auf einigen Gebieten besser sind, als man selbst."

Q Laotse

(ca. 600 vor Christus) Chinesischer Philosoph; er gilt als Begründer des Taoismus

„Wer gut zu führen weiß, ist nicht kriegerisch. Wer gut zu kämpfen weiß, ist nicht zornig. Wer gut die Menschen zu gebrauchen weiß, ist ihnen untertan. – Das ist der beste Führer, dessen Leute sagen, wenn er sie ans Ziel geführt hat: Wir selbst haben den Erfolg zustande gebracht."

R Marquet, David

Ehemals Kommandant des amerikanischen Atom-U-Boots USS Santa Fe; danach Dozent an der Columbia University School of professional studies

„Die leader-leader-Struktur unterscheidet sich grundsätzlich von der leader-follower-Struktur. Der Kern ist die Überzeugung, dass wir alle Anführer sein können, und es ist tatsächlich am besten, wenn wir alle führen.“ [117]

S Napoleon Bonaparte

(1769 – 1821) Kaiser der Franzosen

„Es gibt keine schlechten Mannschaften, nur schlechte Offiziere.“

T Ono, Taiichi

(1912 – 1990) Weltweit herausragender Industriemanager; Erfinder des legendären Toyota-Produktionssystems (TPS) und Vater des Toyota-Erfolges

„Standards sollten nicht von oben nach unten erzwungen, sondern besser von den Mitarbeitern in der Produktion selbst entwickelt werden. – Ich bin geduldig. Ich kann meine Autorität nicht dazu nutzen, zu erzwingen, dass sie tun, was ich will.“ [117]

U Pisani, Edgar

(1918 – 2016) Französischer Politiker, Kommissar der Europäischen Gemeinschaft von 1981 bis 1984.

"Chef ist nicht der, der etwas tut, sondern der, der das Verlangen weckt, etwas zu tun!"

V Peters, Tom

(* 1942) Prominenter US-amerikanischer Unternehmensberater und erfolgreicher Autor

„Führer generieren keine Anhänger, sondern weitere Führer.“ [117]

W Schweitzer, Albert

(1875 – 1965) Deutsch-französischer Arzt, Philosoph, evangelischer Theologe, Organist und Musikwissenschaftler. Er gilt als einer der bedeutendsten Denker des 20. Jahrhunderts; als „Urwaldarzt“ hat er ein Krankenhaus in Lambaréné (Gabun / Zentralafrika) gegründet und geleitet. Träger des Friedensnobelpreises für 1952.

„Mit gutem Beispiel voranzugehen, ist nicht nur der beste Weg, andere zu beeinflussen, es ist der einzige.“ [117]

X Tenzin Gyatso

(* 1935) Als **14. Dalai Lama** bis zu seinem Rücktritt 2011 das Oberhaupt der tibetischen Regierung. 1989 wurde er mit dem Friedensnobelpreis ausgezeichnet und gilt bis heute als das geistige Oberhaupt der Tibeter.

„Jede Zusammenarbeit ist schwierig, solange den Menschen das Glück ihrer Mitmenschen gleichgültig ist.“

Y Twain, Marc

(1835 – 1910) Amerikanischer Schriftsteller und Unternehmer

„Ich kann dir keine Erfolgsformel liefern, aber ich kann dir eine Formel für sicheren Misserfolg geben: Versuche es allen recht zu machen.“

Z Welser-Möst, Franz

(* 1960) Weltweit gefeierter österreichischer Dirigent. U. a. Leiter des London Philharmonic Orchestra, Generalmusikdirektor am Opernhaus Zürich; z. Zt. Chef des Cleveland Orchestra.

„Jemand der anführt, muss der erste Diener sein und nicht einer, der die Anderen für die eigenen Zwecke missbraucht. … Das Dirigieren ist ein Dienst an dem Anderen und an der Musik.“

Über den Autor

Christian Engert (* 1948) war nach dem erfolgreichen Abschluss seiner juristischen Ausbildung und eines Musikstudiums zunächst in München als Rechtsanwalt tätig, bevor er in Niedersachsen die Gelegenheit erhielt, dem schon seit der Studienzeit gehegten Wunsch folgend Verantwortung im Justizvollzug zu übernehmen. Bereits nach einem Jahr wurde ihm dort die Leitung der damaligen sozialtherapeutischen Anstalt Bad Gandersheim und danach ein Dezernat in der Aufsichtsbehörde anvertraut. 1980 nahm er das Angebot einer Versetzung nach Bayern an und kehrte so in seine Heimat zurück. Seine weitere Dienstzeit in der Justiz verbrachte er dann ganz in der JVA Bernau, mit den organisatorisch angegliederten Anstalten in Traunstein und Bad Reichenhall einem der größten Geschäftsbereiche des Justizvollzugs in Deutschland. Nach elf Jahren als Abteilungsleiter und Vertreter des Anstaltsleiters wurde ihm dort 1991 selbst die Leitung der Behörde übertragen, die er dann bis zu seinem Eintritt in den Ruhestand 2013 innehatte. Neben der Verantwortung für etwa 1000 Gefangene oblag ihm damit in allen drei Anstalten zusammen für mehr als 22 Jahre die Führung von circa 400 Mitarbeiterinnen und Mitarbeitern.

Noch während seiner aktiven Dienstzeit nahm er dann ein von der Freien Universität Berlin zertifiziertes kommunikationswissenschaftliches Studium auf und hat sich, nachdem er es abgeschlossen hatte, im Jahr 2016, also im Alter von 68 Jahren, schließlich auch noch mit Erfolg der Prüfung zur Zulassung als Heilpraktiker für Psychotherapie gestellt. Seitdem arbeitet er nun freiberuflich als Mediator und Coach und begleitet dabei vor allem Menschen mit Führungsaufgaben. In diesem Rahmen ist er u. a. in der Bayerischen Justizvollzugsakademie in Straubing mit der Fortbildung von Führungskräften der Justiz betraut.

www.cosmo-coach.com

Literatur

Ancelotti, C. (2017) *Quiet Leadership – Wie man Menschen und Spiele gewinnt,* Albrecht Knaus Verlag, München, die englische Originalausgabe (2016) Penguin Verlag, London,

Bauer, J. (2002, 2010) *Das Gedächtnis des Körpers · Wie Beziehungen und Lebensstile unsere Gene steuern*, Eichborn Verlag, Köln

Bauer, J. (2005) *Warum ich fühle, was du fühlst · Intuitive Kommunikation und das Geheimnis der Spiegelneurone*, Hoffmann und Campe Verlag, Hamburg

Bauer, J. (2007) *Prinzip Menschlichkeit*, Hoffmann und Campe Verlag, Hamburg

Bauer, J. (03/2010) *Das Kooperative Gen · Evolution als kreativer Prozess*, Wilhelm Heyne Verlag, München

Bauer, J. (2011) *Schmerzgrenze · vom Ursprung alltäglicher und globaler Gewalt*, Karl Blessing Verlag, München

Bauer, J. (2013) *Arbeit · Warum unser Glück von ihr abhängt und wie sie uns krank macht,* Blessing, München

Bauer, J. (2015) *Selbststeuerung · Die Wiederentdeckung des freien Willens,* Karl Blessing Verlag, München

Becker, F. (2015) *Psychologie der Mitarbeiterführung, Springer, Wiesbaden*

Carter, R. (2014) *Das Gehirn ° Anatomie, Sinneswahrnehmung, Gedächtnis, Bewusstsein, Störungen*, Dorling Kindersley Verlag GmbH, München

Draht, K. (2015) *Neuroleadership: Was Führungskräfte aus der Hirnforschung lernen können*, Haufe Verlag, Freiburg

Elger, C. E. (2009) *neuroleadership · Erkenntnisse der Hirnforschung für die Führung von Mitarbeitern*, Haufe Verlag, Planegg/München

Europäische Agentur für Sicherheit und Gesundheitsschutz am Arbeitsplatz, aktuelle Veröffentlichungen im Internet unter https://osha.europa.eu/de/themes/psychosocial-risks-and-stress und https://oshwiki.eu/wiki/Work-related_stress:_Nature_and_management

Florack, J. (2021) *Neuroleadership · Führen unter Berücksichtigung neurowissenschaftlicher Erkenntnisse,* GRIN Verlag, München

Glasl, F (2011) *Konfliktmanagement · Ein Handbuch für Führungskräfte, Beraterinnen und Berater*, Haupt Verlag Bern, Stuttgart, Wien · Verlag Freies Geistesleben, Stuttgart

Glocker, P (2016) *Weniger Stress mehr Leben,* Scorpio Verlag, München

Goetz, D. & Reinhardt, E. (2017) *Führung: Feedback auf Augenhöhe*, Springer Verlag, Wiesbaden

Goleman, D. (1996) *Emotionale Intelligenz*, Carl Hanser Verlag, München Wien

Grawe, K. (1998, 2000) *Psychologische Therapie*, Hogrefe, Göttingen

Grawe, K. (2004) *Neuropsychotherapie*, Hogrefe, Göttingen

Groth, A. (2014) *Führen mit EQ*, GABAL Verlag GmbH, Offenbach

Hüther, G. (2009) *Bedienungsanleitung für ein menschliches Gehirn*, Vandenhoeck & Ruprecht, Göttingen

Hüther, G. (2012) *Supportive Leadership*, Management und Qualität · Das Magazin für integrierte Managementsysteme, 4/12, 8-11

Hüther, G. (2018) https://faktor-a.arbeitsagentur.de/richtig-fuehren/gerald-huether-mitarbeiter-motivieren/ oder direkt über youtube: https://www.youtube.com/watch?v=0sdIYdBEMJs oder in einer schriftlichen Zusammenfassung unter: https://kulturwandel.org/inspiration/interviews-und-texte/wie-gehirngerechte-fuhrung-funktioniert/

Klappenbach, D. (2011) *Mediative Kommunikation*, Junfermann, Paderborn

Kratz, H.-J. (2007) *Chef-Checkliste Mitarbeiterführung ° Die 99 wichtigsten Regeln*, Walhalla Fachverlag, Regensburg, Berlin

Kunz, G. C. (2014) *Personalführung ° Die 20 wichtigsten Instrumente*, Verlag C.H. Beck, München

Lelord, F. & André, C. (2012) *Die Macht der Emotionen*, PIPER Verlag GmbH, München

Lippold, Dirk (2019) *Führungskultur im Wandel*, Springer Verlag, Wiesbaden

Maslow, A. H. (1981, 2014): *Motivation und Persönlichkeit*, Rowohlt, Reinbek/Hamburg:

Mourlane, D. (2015) *emotional LEADING · Die Kunst, sich und andere richtig zu führen*, dtv, München

Peters, T. & Ghadiri, A. (2013) *Neuroleadership · Grundlagen, Konzepte, Beispiele: Erkenntnisse der Neurowissenschaften für die Mitarbeiterführung*, SpringerGabler Verlag, Wiesbaden

Raitner, M. (2019) *Manifest für menschliche Führung*, Poing: Independently published

Reinhardt, R. (2014a) *Neuroleadership · Empirische Überprüfung und Nutzenpotenziale für die Praxis*, Oldenbourg De Gruyter, München

Reinhardt, R. (2014b) *Neuroleadership: Ein innovatives Konzept zur Förderung von Leistung und Gesundheit*, PERSONALquarterly 02/1 http://neuroleadership-online.de/mediapool/134/1347358/data/Neuroleadership_Artikel_Reinhardt_2014.pdf)

Reinhardt, R. (2014c) *Neuroleadership: Theoretische Grundlagen, empirische Befunde und kritische Perspektiven,* Gesellschaft für Wissensmanagement (gfwm) https://www.gfwm.de/wp-content/uploads/2014/02/NL-2015.pdf

Roth, G. (2009) *Aus Sicht des Gehirns*, Suhrkamp, Frankfurt am Main

Roth, G. (2010) *Wie einzigartig ist der Mensch? ° Die lange Evolution der Gehirne und des Geistes*, Sektrum Akademischer Verlag, Heidelberg

Roth, G. (2021) *Über den Menschen*, Suhrkamp Verlag, Berlin

Rüegg, J. C. (2011) *Gehirn, Psyche und Körper · Neurobiologie von Psychosomatik und Psychotherapie*, Schattauer, Stuttgart

Scheibner, N., Hapkemeyer, J. & Banko, L. (2016). iga.Report 33. *Engagement erhalten – innere Kündigung vermeiden*, Dresden: iga.

Schiefer G. & Gattner R. (2019) *Neuroleadership – die Grundannahmen in kritischer Analyse · Was Neurowissenschaften zur Zukunft von Führungstheorien wirklich beitragen*, Springer, Wiesbaden

Spitzer, M. (2004) *Selbstbestimmen ° Gehirnforschung und die Frage: Was sollen wir tun?*, Spektrum Akademischer Verlag, Heidelberg · Berlin

Strienz, J. (2014) *Nebennierenunterfunktion · Stress stört die Hormon-Balance*, Zuckschwerdt, München

Thiele, C. (2021) *Positiv führen: Stärken erkennen und nutzen*, Haufe Verlag Freiburg

Thompson, R.F. (2001) *Das Gehirn ° Von der Nervenzelle zur Verhaltenssteuerung“*, Spektrum Akademischer Verlag, Heidelberg · Berlin

Anmerkungen

1
Diese Äußerungen sind zusammen mit denen anderer bedeutender und prominenter Persönlichkeiten zum Thema Führung in Kapitel 8 unter Buchstabe C (Seite 142) bzw. unter Buchstabe I (Seite 144) abgedruckt.

2
Die mit Blick auf das Thema dieses Buches m. E. relevanten vier Führungsstile sind also – in der Reihenfolge der in den Text eingerückten Übersicht – der *bürokratische*, *kooperative* oder *demokratische*, *gehirnorientierte* und *situative* Führungsstil.
Für den **gehirnorientierten** und damit verbunden im Wesentlichen auch für den **kooperativen** bzw. **demokratischen Führungsstil** werde ich im redaktionellen Teil eingehend darlegen, weshalb ich diese Orientierungen für richtungweisend halte. Die bürokratische und die situative Führung werden dort jedoch nicht mehr weiter angesprochen, weil diese Theorien, obwohl durchaus auch heute noch relevant, nur spezifische Aspekte betreffen bzw. in besonderen Konstellationen von Bedeutung sind und somit nicht den eigentlichen Kern dessen beschreiben, was zeitgemäße, menschengerechte Führung heute ausmacht. Deshalb sei hier kurz erläutert, was sich hinter diesen beiden Begriffen verbirgt und wann die spezifischen Aspekte der so benannten Führungsstile zum Tragen kommen.

– **Der bürokratische Führungsstil** ist dadurch gekennzeichnet, dass er auf bestehenden und von den Geführten respektierten Regeln beruht. Dies ist in unserer modernen durch Gesetze und geordnete Machtstrukturen geregelten Arbeitswelt durchwegs der Fall. Die Geführten haben demzufolge unter regulären Bedingungen kaum die Möglichkeit, wesentlichen Einfluss darauf zu nehmen, wer sie führt und wie sie geführt werden. Ihre Vorgesetzten sind selbst austauschbar und werden ihnen im wahrsten Sinne des Wortes „vorgesetzt". Am deutlichsten zeigt sich dies im Bereich des öffentlichen Dienstes, in dem z. T. sogar die Führungsstrukturen sowie die Art und Weise der Führung (z. B. durch eine differenziert geregelte Beteiligung der Personalvertretung) gesetzlich vorgegeben sind.

– **Der situative Führungsstil** trägt der Tatsache Rechnung, dass die Situationen, in denen Führung stattfindet, sehr unterschiedlich sein können. Vor allem, wenn unter Zeitdruck vitale Interessen betroffen sind, wie etwa bei Polizei, Feuerwehr, Rettungsdienst oder Militär kann abhängig von der konkreten Lage abweichend von den ansonsten angeratenen Grundsätzen eine autoritär-direktive Führung geboten sein. Auch Anzahl und Zusammensetzung der Mitarbeiter sowie jeweils deren Qualifikation, Alter und Erfahrung wirken sich auf die Art und Weise der Führung aus. Mit einer starren dogmatischen Festlegung auf ein schematisch vorbestimmtes Führungsverhalten könnte man also solchen spezifischen Lagen und Bedingungen nicht umfassend gerecht werden.

3
Diese Führungstheorien seien hier, soweit sich ihr Sinn nicht von selbst versteht bzw. dies nicht bereits im redaktionellen Text geschehen ist, kurz vorgestellt:

– **Die charismatische Führung** nach Max Weber beruht auf dem Glauben der Geführten an die besonderen Fähigkeiten des Führers. Sie hat in Bezug auf die Mitarbeiterführung in unserer Gesellschaft i. d. R. keine Bedeutung, da es nicht üblich ist, Führungspositionen in Wirtschaft und Verwaltung auf der Grundlage gruppendynamischer Prozesse im Kreis der geführten Arbeitnehmer zu besetzen. Dieser Aspekt ist jedoch auch bei uns nach wie vor insb. bei Vereinen und Verbänden sowie besonders im Bereich der Politik von großer Bedeutung.

– **Die transaktionale Führung**

Unter https://de.wikipedia.org/wiki/Transaktionale_Führung sind deren Merkmale beschrieben wie folgt: *„Führungskräfte, die nach dem transaktionalen Modell führen, motivieren ihre Mitarbeitenden in erster Linie durch Klärung von Zielen, Aufgaben und Delegation von Verantwortung. Gleichzeitig kontrollieren sie die Leistung, belohnen mit materiellen und immateriellen Vorteilen und sanktionieren unerwünschtes Verhalten durch Kritik und Feedback. Es ist ein eher sachliches Austauschverhältnis (Transaktion) zwischen Leistung (des Mitarbeiters) und Reaktion des Vorgesetzten darauf (Bezahlung, Lob und Tadel).“*

– **Die transformationale Führung**

In Gegenüberstellung mit der transaktionalen Führung findet sich im Internet unter dem Link http://www.wirtschaftslexikon24.com/e/transformationale-führung/transformationale-führung.htm die folgende kurze Definition: *„Während bei transaktionaler Führung der Tausch von durch den Vorgesetzten gewährten Belohnungen (Anreizsystem) gegen Leistung der Mitarbeiter im Vordergrund steht, zeichnet sich ein transformationaler Führungsstil dadurch aus, dass die Führungskraft Mitarbeiter inspiriert, Visionen aufzeigt, intellektuell anregt und auf die individuellen Besonderheiten der Betroffenen eingeht.“*

– **Die delegative Führung**

Auf der Website des Bildungswerks der Bayerischen Wirtschaft (bbw) findet sich unter dem Stichwort „Schlüsseltechnik delegative Führung“ die folgende Beschreibung: *„Delegation als Führungstechnik heißt Aufgaben und Verantwortungen weiterzugeben, um Führungskräften Raum für wichtige Führungsaufgaben zu schaffen. Delegation entlastet die Führungskraft und sorgt gleichzeitig für die Förderung sowie die Motivation der Mitarbeiter*innen. Delegative Führung verändert die Aufgaben, die Organisation und die Struktur. Beidseitiges Vertrauen und Zutrauen sind notwendig und stehen im Zentrum einer Delegationskultur.“*

– **Die agile Führung**

Hier handelt es sich um eine relativ junge Ausrichtung, der erst in den letzten Jahren im Zuge der wachsenden Anforderungen der Digitalisierung zunehmend Aufmerksamkeit zukommt. Beim vergleichenden Blick auf die diversen Quellen im Internet wird deutlich, dass es dabei im Wesentlichen lediglich darum geht, im Hinblick auf sich abzeichnende Änderungen im Umfeld möglichst flexibel, vorausschauend und initiativ zu handeln. Hinter dem modischen Etikett „agil“ verbirgt sich i. Ü. jedoch weitgehend nur ein Sammelsurium schon bisher geltender Anforderungen an Führungskräfte. Einen wirklich neuen, eigenständigen, auf die betroffenen Menschen bezogenen Ansatz vermag ich dort aber nicht zu erkennen.

– **Die gruppenbezogene Führung** (nach Horst-Joachim Rahn)

Diesem Führungsmodell liegt der Gedanke zugrunde, dass sich Gruppen sowie auch ihre Mitglieder in Charakter, Benehmen und Rolle unterscheiden und dass dem durch ein jeweils individuell entsprechend angepasstes Führungsverhalten Rechnung zu tragen ist. Konkret werden die folgenden diversen Führungsstile genannt: Anspornend, bremsend, ermutigend, fördernd, integrierend und wertschätzend.

– **Die richtungsbezogene Führung**

Hier wird danach unterschieden, wie die Aufmerksamkeit im Führungsverhalten zwischen (1.) den zu erledigenden Aufgaben, (2.) dem Wohlergehen der unterstellten Personen und (3.) der Möglichkeit für diese, an den anfallenden Entscheidungen mitzuwirken, aufgeteilt ist.

4
Maßgebliche Quellen für derartige Berichte sind insb. die von **GALLUP**, einem der weltweit führenden Meinungsforschungsinstitute (https://www.gallup.de/183104/engagement-index-deutschland.aspx) seit dem Jahr 2001 alljährlich erhobenen Studien sowie auch solche der **IGA**, der von der gesetzlichen Unfallversicherung (DGUV), den Krankenkassen BKK und AOK sowie dem Verband der Ersatzkassen (TKK, Barmer, DAK u. a.) getragenen „Initiative Gesundheit und Arbeit“ (siehe unter https://www.iga-info.de/veroeffentlichungen/alle-veroeffentlichungen), hier u. a. eine vom September 2016, auf die sich eine von **t-online.de** am 21.10.2016 veröffentlichte entsprechende Nachricht von **AFP** bezieht. Weitere Beispiele sind das **SZ.de Magazin** vom 21.05.2010 *„Führungsprobleme · Nieten in Nadelstreifen“*, **FOCUS Money online** vom 23.09.2011 *„Unzufriedene Mitarbeiter · Null Bock auf den Job – Viele Deutsche sind vom Job frustriert“,* **SPIEGEL ONLINE** und **manager magazin** vom 19.03.2012 *„Chef-Sprüche · Urlaub verdirbt den Charakter“*, die **WELT** vom 20.03.2012 *„SCHLECHTE VORGESETZTE – Jeder vierte Arbeitnehmer hat innerlich gekündigt*“ sowie die **WirtschaftsWoche** vom 22.3.2017. Auch **ZEIT ONLINE** vom 7.11.2016 *„Schlechter Führungsstil“* beginnt mit der Aussage: *„Vor allem wegen des Verhaltens von Führungskräften sind viele Arbeitnehmer in Deutschland demotiviert und frustriert“.*

5
DIE ZEIT Nr. 50/1993, *Die wundersame Karriere der "Nieten in Nadelstreifen": Vom Sockel gestoßen*

6
Eine eingängige Darstellung der Zusammenhänge findet sich bei Bauer (2013) *Arbeit · warum unser Glück von ihr abhängt und wie sie uns krank macht*, auf den Seiten 25 bis 53. **Joachim Bauer**, *1951, ein Molekularbiologe, Neurobiologe und Arzt mit Ausbildung als Internist, Psychotherapeut und Psychiater sowie Professor am Universitätsklinikum Freiburg im Breisgau ist einer der profiliertesten deutschen Humanwissenschaftler dieser Tage. Er gehört zu den weltweit angesehensten Vertretern des deutschen Wissenschaftsbetriebes. Das Magazin "CICERO" hat ihn in seinen 2006, 2013, 2017 sowie 2019 durchgeführten Evaluationen vier Mal hintereinander zu den einflussreichsten deutschsprachigen Intellektuellen gezählt! Er hat sich insb. auch als Autor einer ganzen Reihe von allgemeinverständlichen Büchern zu den verschiedenen Aspekten der neuesten neurobiologischen Erkenntnisse und gefragter Referent einen Namen gemacht. Im Internet sind zahlreiche Gespräche und Interviews mit ihm über einschlägige Themen abrufbar. Ich werde deshalb bei den in diesem Buch benannten Quellen immer wieder auch auf ihn bzw. seine diversen Beiträge verweisen. – I. Ü. siehe konkret auch Peters & Ghadiri, 2014, S. 32 ff. und Rüegg, 2011, S. 11 ff.

7
So auch Bauer, 2013, S. 183 und 185 m.w.N.

8
Einem systematischen Abgleich der zentralen Konzepte einer gehirnorientierten Führung mit bereits etablierten Führungstheorien widmen sich Schiefer & Gattner, 2019, in *Neuroleadership – die Grundannahmen in kritischer Analyse*

9
So im Kern auch das Ergebnis einer im Handelsblatt vom 09.11.2018 besprochenen Studie

10
Raitner, 2019, S. 13

11
vgl. Reinhardt, 2014a, S. 8 ff.

12
So sinngemäß auch Schiefer & Gattner, 2019, S. 33 ff. m.w.N.

13
Mit dem Begriff **Emotionale Intelligenz** (EQ) wird in der Psychologie seit den 90er-Jahren des letzten Jahrhunderts die Fähigkeit benannt, eigene und fremde Gefühle zutreffend wahrzunehmen, zu verstehen und zu beeinflussen.

14
Zur besonderen Bedeutung des Gesichts bzw. der Mimik für die zwischenmenschliche Kommunikation vgl. z.B. Elger, 2009, S. 75 und Groth, 2014, S. 75 f. Die vielfältigen weiteren Aspekte, die bei einem Umgang auf Augenhöhe zum Tragen kommen, wurden von Götz und Reinhardt, 2017, in *Führung: Feedback auf Augenhöhe* zusammengestellt. Der deutsche Dichterfürst und Naturforscher Johann Wolfgang von Goethe hat dies als Erfahrung, ohne dass er dafür seinerzeit bereits auf neurobiologische Erkenntnisse zurückgreifen konnte, prägnant so formuliert: *„Es muss von Herzen kommen, was auf Herzen wirken soll."* – Bereits an dieser Stelle sei auch auf ein im Internet (youtube BPCGCtEBH2U) abrufbares kurzes Gespräch mit Joachim Bauer (zur Person s. o. Anmerkung 6) im Jahr 2016 über *„Resonanz in Psychotherapie und Pädagogik"* hingewiesen, in dem unter dem Stichwort ***Resonanz*** neben dem hier angesprochenen Aspekt auch eine ganze Reihe weiterer Gesichtspunkte zur Sprache kommen, die im Zusammenhang mit dem Thema dieses Buches eine wichtige Rolle spielen.

15
Siehe auch bei Draht, 2015, *Neuroleadership · Was Führungskräfte aus der Hirnforschung lernen können*, S. 15 ff. – Dieses kleine Büchlein, das bei Haufe in der so benannten Reihe als „*TASCHEN GUIDE*" erschienen ist, werde ich im Fortgang des Textes noch mehrfach zitieren. Es kann zwar in seiner extrem komprimierten Darstellung der hier behandelten Thematik und in der äußerst handlichen Aufmachung nicht den Ansprüchen gerecht werden, die üblicher Weise an wissenschaftliche Veröffentlichungen gestellt werden. In dieser Form und wegen des entsprechend günstigen Preises ist es für manche Leser aber evtl. geeignet, sich mit der gegenständlichen Problematik auch im Alltag weiter auseinander zu setzen und damit entsprechend der Zweckbestimmung dieses Buches der Umsetzung der dargelegten Erkenntnisse in der Praxis zu dienen.

16
Zur zentralen **Funktion des Vorbilds** für den Erfolg von Führung vgl. in Kapitel 8 unter Buchstabe W (Seite 148) das Zitat von Albert Schweitzer.

17

Vgl. hierzu auch die Aussagen des hier bereits mehrfach zitierten chinesischen Philosophen Laotse sowie von Carlo Ancelotti und Pep Guardiola, zwei der angesehensten und erfolgreichsten Trainer im europäischen Fußball, in Kapitel 8 unter Buchstaben Q (Seite 146) bzw. A (Seite 141) und L (Seite 145).

18

Manfred Spitzer, Inhaber des Lehrstuhls für Psychiatrie der Universität Ulm und Leiter der dortigen Universitätsklinik für Psychiatrie und Psychotherapie sowie Autor zahlreicher Bücher zu Themen mit neurobiologischem Bezug hat dies in der Einleitung zu seinem auch für den Nichtfachmann gut lesbaren und m. E. auch wirklich lesenswerten Buches *Selbstbestimmen – Gehirnforschung und die Frage: Was sollen wir tun?* (2004) auf Seite 14 drastisch so ausgedrückt: *„All das, was uns ausmacht, tragen wir in diesen 1,4 kg Materie mit uns herum, und irgendwann einmal werden diese 1.4 kg nichts weiter sein als eben das: glibberige Materie …“.* Auf Seite 374, gegen Ende einer gründlichen Analyse der Einzelheiten hat er diese Erkenntnis zusammenfassend dann so formuliert: *„Die moderne Neurobiologie hat eines sehr klar gezeigt: Unser Gehirn ist das Produkt unserer Erfahrung, und insofern hat jeder ein einmaliges und einzigartiges Gehirn. Jeder Mensch* ***ist*** *in diesem Sinn sein Gehirn.“*

19

Vgl. die kurze Beschreibung dieser Problematik bei Peters & Ghadiri, 2013, S. 27. Diese Autoren beziehen sich deshalb in ihrer Arbeit auf das vereinfachende „**Schichtenmodell**“ des amerikanischen Hirnforschers MacLean (siehe a. a. O), in dem das Gehirn in lediglich drei Bereiche, das **Stammhirn,** das **Limbische System** und den **Cortex** aufgegliedert ist, wobei das Stammhirn neben dem **Hirnstamm** u.a. auch das **Kleinhirn** umfasst. Auch ich orientierte mich in diesem Buch im Interesse einer auf das Thema bezogen möglichst anschaulichen, auch für Leser ohne spezifische neurobiologische Kenntnisse gut nachvollziehbaren Darstellung im Wesentlichen an diesem Modell. Da die Funktion des Kleinhirns weitestgehend auf Motorik und Gleichgewicht beschränkt ist, kann es hier jedoch außer Betracht bleiben. – Siehe auch bei Draht, 2015, S. 19 ff. – Leser, die sich darüber hinaus einen schnellen, auch für Laien gut verständlichen Überblick über Aufbau und Funktion des Gehirns verschaffen wollen, haben hierfür im Internet gute Möglichkeiten, wie etwa über https://de.wikipedia.org/wiki/Gehirn , https://www.mpg.de/gehirn oder https://www.netdoktor.de/anatomie/gehirn/ sowie vertiefend z. B. auch bei Klaus Grawe, 2004, *Neuropsychotherapie*, S. 44 ff. und umfassend bei Rita Carter, 2014, oder Richard F. Thompson, 2001, *Das Gehirn*.

20

Manfred Spitzer hat auf Seite 327 seines in Anmerkung 18 bereits vorgestellten Buches unter der Überschrift *„Die unerträgliche Automatizität des Seins*“ die Zusammenfassung von diesbezüglichen Forschungsergebnissen US-amerikanischer Kollegen wie folgt zitiert: „ … *dass fast alles, was in unserem Gehirn vor sich geht, ohne unsere geringste Notiz davon verläuft, ohne jede „Einsicht“. Selbst die so genannten höheren geistigen Leistungen laufen automatisch.*“ – Der Neurowissenschaftler Henning Beck, der vor allem als Autor humorig abgefasster popularwissenschaftlicher Bücher bekannt geworden ist, hat dies in einem Interview im FOCUS (47/2018) bildhaft eindrücklich folgendermaßen formuliert:

„Die Vorstellung, es gäbe rein rationale Entscheidungen, ist ein Mythos. Wir wissen, das Gehirn verarbeitet immer auch Emotionen. Das Modell vom Homo oeconomicus, dem kühlen Nutzenmaximierer, ist längst durch.... Entscheidungen formt das Gehirn von unten nach oben, zuerst in den emotionalen Hirnregionen, dann erst kommen die rationalen Areale hinzu. Alles, was uns im Leben widerfährt, wird im sogenannten Erfahrungsgedächtnis gespeichert, zu dem wir keinen bewussten Zugang haben. Alles positiv Wahrgenommene wird mit den Gehirnregionen für Belohnung, alles Negative mit denen für Bestrafung verknüpft. Stehen wir vor einer Entscheidung, ruft das Gehirn blitzschnell die relevanten emotionalen Erfahrungen ab. Je nach dem, ob eher Belohnung oder Bestrafung zu erwarten ist, richtet sich die Entscheidung dann bereits aus. Erst danach werden die fürs Rationale zuständigen Hirnregionen aktiviert. Dann spielen die emotionalen Regionen eine Art Pingpong mit den rationalen. Informationen werden ausgetauscht, abgeglichen, bewertet. Das Ergebnis ist ein Handlungsmuster, die Entscheidung. ... Vereinfacht gesagt: ***Erst kommt das Gefühl, dann der Grips.*** *Diese Prozesse laufen in unserem Alltag ständig und meistens unbewusst ab. Ist die Entscheidung gefallen, formulieren wir nachträglich die Argumente hinzu. Wir verlassen uns nicht auf sachliche Abwägungen, sondern entscheiden vielmehr intuitiv."* – Eine eingängige Zusammenfassung dieser in der Wissenschaft im Kern unstreitigen Erkenntnis findet sich auch bei WELT online unter https://www.welt.de/wissenschaft/article3411612/Die-heimliche-Macht-des-Unbewussten.html oder bei Alexander Groth, 2014, S. 11 ff. und Karsten Drath, 2015, S. 40 f.

21
Siehe Roth, 2021, S. 31 ff. sowie Bauer, 2002 / 2010, S. 23 und 2007, S. 13 und 20, letzterer, obwohl er sich a.a.O. ansonsten durchaus auch kritisch mit den weitergehenden Thesen des sog. „Darwinismus" auseinandersetzt.

22
Eine gute Übersicht über den historischen Hintergrund und die Entwicklung der **Evolutionstheorie** findet man z. B. unter https://anthrowiki.at/Evolutionstheorie oder https://de.wikipedia.org/wiki/Evolutionstheorie.

23
Eingängige Darstellungen der **Entwicklung des Gehirns** in ihren verschiedenen Stufen in einer für den Nichtfachmann leicht nachvollziehbaren Form finden sich relativ kurz gefasst bei Goleman, 1996, *Emotionale Intelligenz*, S. 26 bis 30, sowie ausführlich und differenziert in der *„Bedienungsanleitung für ein menschliches Gehirn"* von Gerald Hüther, 2009, Seiten 33 bis 68 ff. Eine die komplexen Zusammenhänge umfassende Darstellung findet sich bei Gerhard Roth, 2010.

24
Die grundlegenden Ausführungen von **Abraham Harold Maslow** zu seiner Bedürfnislehre wurden erstmals bei Harper and Row unter dem Titel "*Motivation and Personality*" 1954 in New York veröffentlicht. In Deutschland ist das vom Autor zwischenzeitlich mehrfach überarbeitete Werk 1981 beim Rowohlt Taschenbuch Verlag unter dem Titel „*Motivation und Persönlichkeit*" erschienen. – Eine im Umfang überschaubare, systematisch übersichtliche Darstellung der Zuordnung verschiedener, ausdifferenzierter Einzelbedürfnisse zu den fünf Stufen nach Maslow findet sich bei Doris Klappenbach, *Mediative Kommunikation,* 2011, S. 95 ff.

25
Zu der Definition und dem z. T. unterschiedlich verwendeten Begriff **Emotion** s. z. B. – prägnant – im Internet unter https://flexikon.doccheck.com/de/Emotion, https://de.wikipedia.org/wiki/Emotion und https://wirtschaftslexikon.gabler.de/definition/emotion-35195 oder sehr eingehend und differenziert bei D. Goleman, *Emotionale Intelligenz* (1996), S. 363 ff. oder bei F. Lelord & C. André, *Die Macht der Emotionen* (2012), S. 12 bis 24 (!). Zum Verständnis der im hier vorliegenden Buch behandelten Zusammenhänge ist es m. E. jedoch nicht erforderlich, sich auf die teilweise sehr spitzfindigen, weitgehend aus der historischen Entwicklung abzuleitenden Unterschiede bzw. die diesbezügliche Kontroverse einzulassen. Ein sehr anschauliches, klärendes Zitat findet sich dagegen auch zu diesem Punkt wieder bei Spitzer, 2004, S. 175: *„Kurz zusammengefasst geht es um Folgendes: Emotionen haben einen körperlichen Anteil bzw. einen körperlichen Aspekt. Schmerzen tun weh, Hunger manchmal auch und der Verlust eines lieben Menschen sowieso. Dies spüren wir am und im Körper, ebenso wie wir Angst, Wut oder Ekel am und im Körper spüren. Emotionen machen also etwas mit unserem Körper, und man könnte sogar sagen, dass genau dies eben zur Natur von Emotionen gehört.“*

26
Dieser Theorie zufolge streben alle Organismen nach **Konsistenz**, d.h. nach einer möglichst weitgehenden Übereinstimmung zwischen den Bedürfnissen und dem Erleben in der Realität. Je höher die Konsistenz ist, desto gesünder ist der Organismus. Besonderes Gewicht misst Grawe den vier von ihm benannten Grundbedürfnissen bei, mit der Folge, dass er psychische Störungen davon ableitet, wenn diese Grundbedürfnisse dauerhaft verletzt werden, deshalb eine fortgesetzte Inkongruenz zwischen dem Gewünschten und Erlebten, somit also *Inkonsistenz* besteht.

27
Klaus Grawe, 2000, *Psychologische Therapie,* S. 383 ff. und
2004, *Neuropsychotherapie*, S. 183 ff.

28
Ein äußerst beeindruckender öffentlicher Vortrag von **Gerald Hüther** hierzu ist im Internet abrufbar über youtube.com/watch?v=hwrTqwvTr0w und auch eine kurze Erläuterung von ihm unter https:/ /www.youtube.com/watch?v=697UY-PiiLg.

29
Diese Schlussfolgerung ergibt sich zwanglos aus der von Gerald Hüther im Jahr 2009 selbst verfassten *Bedienungsanleitung für ein menschliches Gehirn*, in der er auf Seite 100 ausführt: *„Beispielweise kann kein Mensch eine freie Entscheidung darüber treffen, wie und wozu er sein Gehirn benutzten will, solange er hungert, friert, materielle Not leidet oder seelischen Qualen ausgesetzt ist. Das gleiche gilt aber auch für all jene Menschen, die ständig befürchten müssen, dass ihnen das, was sie haben … und ihre Sicherheit … weggenommen wird …“.*

30
Auch diese Zusammenhänge erschließen sich mühelos bei der Lektüre des oben in Anmerkung 23 bereits erwähnten, mit 139 Seiten in Umfang und auch im Preis bescheidenen Taschenbuchs von Gerald Hüther (2009) *„Bedienungsanleitung für ein menschliches Gehirn“*. Konkrete ergänzende Informationen über Entwicklung,

Aufbau, Struktur und Funktion des Hirnstamms finden sich zahlreich auch im Internet, z.B. unter https://www.dasgehirn.info/grundlagen/anatomie/der-hirnstamm sowie auch bei Roth, 2009, und Peters & Ghadiri, 2013, jeweils Seite 28.

31
Das **Limbische System** ist eine Funktionseinheit aus mehreren Teilen des Gehirns, die weit überwiegend bogenförmig zentral zwischen dem Hirnstamm und den äußeren Schichten des Großhirns angeordnet sind. Ihm sind u.a. die folgenden Teile des Gehirns zugeordnet: Amygdala (Mandelkern), Corpus mamillare, Fornix, Gyrus cinguli, Hippocampus und Teile des Thalamus (sh. Elger, 2009, S. 101). Dieser Funktionseinheit wird die Beteiligung an einer ganzen Reihe von Aufgaben zugeschrieben, u. a. im Zusammenhang mit der Steuerung von Antrieb, Lernen und Gedächtnis sowie auch mit der vegetativen Regulation von Ernährung und Fortpflanzung. Joachim Bauer spricht in diesem Zusammenhang (2015, S. 18 f.) vom ***„Trieb- oder Basissystem"*** sowie von *„Belohnungssystemen"* und „Angstzentren" als dessen (neben dem Hypothalamus) *„wichtigste neurologische Bauteile"*. Im Buch *Das Gedächtnis des Körpers* (2002 / 2010, u. a. S. 11 f.) bezeichnet er das Limbische System als ***„Zentrum für emotionale Intelligenz"***. Fest steht jedenfalls, dass dieser Komplex maßgeblich an der unbewussten Verarbeitung von Informationen und Erinnerungen beteiligt und für unsere Emotionen zuständig ist. Zu weiteren Einzelheiten siehe auch Peters & Ghadiri, 2013, S. 28 ff. und Roth, 2009, S. 31 sowie vertiefend S. 154 ff.

32
Vgl. bei Bauer, 2002/2010, S. 46 sowie 2013, S. 48 mit Anmerkung 82.

33
Zu dem Problem, Wahrnehmung und Bewertung zu trennen, vgl. Spitzer 2004, Seiten 181 ff. Im normalen Sprachgebrauch des Alltages sprechen wir bei diesem Phänomen allgemein von „Vorurteilen". Siehe dazu auch Anmerkung 113.

34
Neocortex ist die in der Wissenschaft gebräuchliche Bezeichnung für den in der evolutionären Entwicklung jüngsten, äußeren und zum Zweck der Vergrößerung der Oberfläche gefalteten Bereich der Großhirnrinde. Beim Menschen bedeckt er mehr als 90 % des Großhirns und ist Sitz der höchsten integrativen Funktionen des gesamten Gehirns. Neben multisensorischen und motorischen Aufgaben haben – in seinem vordersten Teil, dem sog. Stirnhirn oder **Präfrontalen Cortex** (PFC) – bei uns Menschen vor allem unsere intellektuellen Fähigkeiten, also insb. die kognitiven Prozesse wie Planung, Abwägung und Entscheidung und so mit der Kontrolle der emotionalen Impulse letztlich auch die gesamte bewusste Handlungssteuerung ihren Platz. In den dort sehr komplexen, vernetzten Strukturen werden im Laufe des Lebens mehr und mehr die von uns erworbenen kognitiven Erkenntnisse, Bewertungen und Werte angesiedelt, somit all das, was dann jeweils den wesentlichen Teil unserer individuellen Persönlichkeiten ausmacht. – Auch zu diesen Zusammenhängen bietet Manfred Spitzer insb. auf den Seiten 159 ff. seines von mir hier bereits mehrfach erwähnten Buches (vgl. die Anmerkungen 18, 20 und 25), einen guten, für das Verständnis der komplizierten Prozesse hilfreichen Überblick. Entsprechendes gilt für die Ausführungen von Joachim Bauer, 2015, in seinem Buch *Selbststeuerung ° Die Wiederentdeckung des freien Willens* (grundlegend insb. S. 19 ff.).

35
Die **„kognitive Dissonanz“** ist ein unangenehmer menschlicher Gefühlszustand, der dadurch hervorgerufen wird, dass man mit Wahrnehmungen oder Ansichten konfrontiert wird, die mit bisher bestehenden Überzeugungen unvereinbar sind. Der Begriff und die ihm zugrundeliegende Theorie stammt von **Leon Festinger** (1919 – 1989), einem bedeutenden US-amerikanischen Sozialpsychologen, der Lehrstühle an mehreren Universitäten der USA, zuletzt auch der renommierten Stanford University innehatte; er ist der wohl prominenteste Schüler von Kurt Levin (zu diesem s. o. in Kapitel 1, Seite 19). – Sein Modell der kognitiven Dissonanz geht (wie auch Klaus Grawe in seiner Konsistenztheorie – s. o. S. 36 und Anmerkung 26) davon aus, dass Menschen nach innerer "Konsistenz" streben. Wenn eine kognitive Dissonanz und somit Inkonsistenz entsteht, fühlt sich der Betreffende verunsichert und gestresst und vermeidet deshalb alles, was diesen Zustand auslösen kann. Wenn er dennoch eintritt, entsteht wie in der Musik das drängende Bedürfnis, die empfundene Dissonanz bzw. die von ihr ausgehende innere Spannung wieder aufzulösen. Dabei kommen sehr unterschiedliche Strategien zur Anwendung. Die effektivste wäre es, die bisherige Überzeugung und ein etwa darauf beruhendes Verhalten nach einer Überprüfung anhand der ihr widersprechenden neuen Informationen zu ändern. Da kognitive Dissonanzen in der Regel jedoch eher unbewusste psychische Vorgänge sind, reagieren Betroffene stattdessen oft – meist ebenfalls unbewusst – mit der Abwehr der neuen Erkenntnisse (z. B. durch Verdrängen, Leugnen, Beschönigen etc.), was dann vielfach negative Folgen haben kann. Die wohl verhängnisvollste Lösungsstrategie ist der sog. „**Bestätigungsfehler**“ (englisch: confirmation bias), das Streben, alle Informationen so zu ermitteln, auszuwählen und zu interpretieren, dass sie die eigene Überzeugung bestätigen. Soweit sie dieser jedoch widersprechen, werden sie geleugnet, verdrängt, ignoriert oder sogar vergessen! Diese psychische Reaktion ist leider ein äußerst verbreiteter Denkfehler und einer der wesentlichen Gründe dafür, dass Menschen unbeirrbar an Überzeugungen (sog. Glaubenssätzen) festhalten, obwohl diese objektiv betrachtet einer sachlichen Überprüfung nicht standhalten. Vor Leon Festinger hat bereits J. W. von Goethe diese fatale Neigung der Menschen erkannt und festgestellt: „Einer neuen Wahrheit ist nichts schädlicher als ein alter Irrtum.“ Klassische Beispiele hierfür sind die Leugnung des Holocaust oder, aktueller, des Massakers von Srebrenica während des Bosnienkrieges im Jahr 1992, des Klimawandels, der Gefährlichkeit des Coronavirus oder auch die zahlreich kursierenden Verschwörungstheorien. Sogar die in ihren Folgen so verheerenden Irrungen der Menschheit wie der Rassismus und Antisemitismus lassen sich letztlich z.T. auf diese Zusammenhänge zurückführen. In der persönlichen Lebensführung können diese psychischen Mechanismen dazu führen, dass ein gesundheitsgefährdendes Verhalten (etwa ein übermäßiger Alkoholkonsum oder das Rauchen) fortgesetzt und damit begründet wird, dass dies der Entlastung dient und man Leute kennt, die trotz extensiven Alkohol- bzw. Nikotinkonsums ein hohes Alter erreicht haben – dies obwohl dem Betreffenden eigentlich klar sein müsste, dass er sich dadurch schadet.

36
Siehe Hüther, 2009, insb. Seiten 11, 17, 23 ff. und 53 ff. Auch das Phänomen der **Neuroplastizität** wird in der *„Bedienungsanleitung für ein menschliches Gehirn“*, diesem für den interessierten Leser umfassend erhellenden Taschenbuch sehr gut verständlich dargelegt. – Vgl. auch bei Spitzer, 2004, S. 29 ff. sowie zu dem spezifischen Teilaspekt der *„synaptischen Plastizität“*, Bauer, 2002 / 2010, S. 63 f.

37
Alexander Groth, 2014, führt auf Seite 74 aus: „*Der unbewusste Teil des limbischen Systems hat unglaubliche Kapazitäten. Er kann mindestens 25.000-mal mehr Informationen verarbeiten als Ihr bewusstes Denken.*“ – Selbst wenn man einer derart unfassbaren Zahl spontan mit Vorbehalten begegnet und sich fragt, wie diese wissenschaftlich abgesichert ist, steht jedenfalls fest, dass im Limbischen System eine gewaltige Menge an unbewussten und vor allem emotional geprägten Informationen und Erinnerungen verarbeitet ist, die den Umfang der im Neocortex gespeicherten bewussten Erinnerungen um ein Vielfaches überragt.

38
Siehe oben Anm. 20 sowie bei Roth, 2009, S. 31 f. und Draht, 2015, S. 26 f.

39
Solche Reaktionen werden in der Psychologie nach einem von Sigmund Freud für die Psychoanalyse geprägten Begriff auch als **Übertragung** bezeichnet.

40
Spitzer, 2004, S.134

41
Siehe dazu z. B. Roth, 2009, S. 137 und 153 ff.

42
Siehe z. B. unter https://www.br.de/wissen/gehirn-gedaechtnis-informationen-erinnern-100.html sowie Roth, 2009, S. 153 ff., Spitzer, 2004, S. 277 und Draht, 2015, S. 24

43
Spitzer, 2004, legt auf den Seiten 129 ff. gestützt auf mehrere wissenschaftliche Studien detailliert die komplexen neurobiologischen, insb. endokrinologischen Zusammenhänge dar, die hier ihre Wirkung entfalten. Traditionell werden sie in der Neurobiologie mit den Begriffen „**Motivationssystem**“ oder „**Belohnungssystem**“ benannt, von Manfred Spitzer – für den hier behandelten Zusammenhang besonders treffend – auch als „Bedeutungssystem“ bzw. „Bedeutungsverleihungssystem“ beschrieben.

44
Siehe z. B. Hüther, 2009, S. 18

45
Vgl. Bauer, 2015, S. 21 und 37 ff.

46
Siehe dazu z.B. Hüther, 2009, S. 23 f. und 112; Spitzer, 2004, S. 44; Roth, 2009, S. 111 und speziell zu den der frühkindlichen Prägung zugrundeliegenden neurobiologischen Prozessen, Bauer, 2002/2010, S. 67 ff. und 179.

47
Primaten sind hochentwickelte Säugetiere, zu denen als Untergruppe auch die Affen gehören. Auch der Mensch wird dieser Gattung zugerechnet. Die Spiegelneuronen wurden von dem Italiener **Giacomo Rizzolatti** (Universität Parma) erstmals 1992 bei Makaken, einer Gattung der Primaten entdeckt. 2010 wurden die Existenz der Spiegelneuronen dann auch beim Menschen nachgewiesen. Vgl. auch bei Spitzer, 2004, S. 87

48
Auch hierzu bietet wieder Joachim Bauer einen sehr guten Überblick über die Zusammenhänge in *„Warum ich fühle, was du fühlst – Intuitive Kommunikation und das Geheimnis der Spiegelneurone“* (2005) sowie auch in dem im Internet bei youtube BPCGCtEBH2U abrufbaren kurzen Gespräch aus dem Jahr 2016.

49
mpg.de/forschung/stress-empathie

50
Reinhardt, 2014a, S. 69 ff., 2014b, PERSONALquarterly 02/14, S. 40 ff. und 2014c, S. 1f.

51
Elger, 2009, *neuroleadership · Erkenntnisse der Hirnforschung für die Führung von Mitarbeitern*

52
Peters & Ghadiri, 2013, *Neuroleadership · Grundlagen, Konzepte, Beispiele. Erkenntnisse der Neurowissenschaften für die Mitarbeiterführung*

53
Insb. Reinhardt, 2014a, *Neuroleadership · empirische Überprüfung und Nutzenpotenziale für die Praxis*

54
Peters & Gadiri, 2013, S. 101 f., 173; Reinhardt 2014a S. 26; ders. 2014c, S. 1; Gerald Hüther in Management und Qualität, 4/12, S. 8-11 sowie auch im Internet unter https://kulturwandel.org/inspiration/interviews-und-texte/wie-gehirngerechte-fuhrung-funktioniert/ . Hüther erklärt das von ihm entwickelte Prinzip "Supportive Leadership" selbst auch in mehreren über die Website der Bundesagentur für Arbeit abrufbaren Videos unter https://faktor-a.arbeitsagentur.de/richtig-fuehren/gerald-huether-mitarbeiter-motivieren/ (insb. *„Wie man Mitarbeiter motiviert“*).

55
Mourlane, 2015, *emotional LEADING · Die Kunst sich und andere richtig zu führen*

56
Die Bezeichung „Vater der Stressforschung“ wurde Hans Hugo Bruno Selye, (János Selye; * 26.01.1907 in Wien, Österreich; † 16.10.1982 in Montreal, Québec) einem Mediziner, Biochemiker und Hormonforscher, zugeschrieben, nachdem er in den 1930er-Jahren die grundlegende Lehre über den Stress, das allgemeine Adaptationssyndrom, auch Selye-Syndrom genannt, entwickelt hatte.

57
Bauer, 2013, S. 25 ff. und 38 f. m.w.N.; Draht, 2015, 52 ff. und Strienz, 2014, S. 23

58
Bauer, 2013, S. 37 ff. und 52

59
Siehe dazu in Kapitel 8 unter E (Seite 142) und F (Seite 143) auch die Aussagen der zwei US-amerikanischen Pioniere des modernen Managements W. Edwards Deming und Peter Ferdinand Drucker.

60
Bauer, 2013, S. 46 ff. und 180 ff. ; Draht, 2015, S. 36 f. und 71 ff.

61
Bauer, 2013, S. 74 und 77 m.w.N.

62
Siehe dort „Work-related stress: reported prevalence and costs“ unter https://oshwiki.eu/wiki/Work-related_stress:_Nature_and_management

63
Z. B. Bauer, 2002/2010, S. 37 ff. Auch im Internet finden sich zahlreiche Quellen, die die negativen **Folgen von dauerhaftem Stress** für die Gesundheit übersichtlich und auch für den medizinischen Laien nachvollziehbar darstellen. Besonders die Krankenkassen haben ein elementares Interesse an der Vermittlung dieser Informationen an eine breite Öffentlichkeit. Stellvertretend für viele andere sei hier https://www.ergo.de/de/Ratgeber/gesundheit/stress/auswirkungen genannt. Informationen zu den Einzelheiten können auch auf der Website der Europäischen Agentur für Sicherheit und Gesundheitsschutz am Arbeitsplatz über die dort eingestellten Studien und Veröffentlichungen abgerufen werden, z. B. unter https://osha.europa.eu/de/publications/report-research-work-related-stress/view, „Bericht zum Stand der Erforschung von arbeitsbedingtem Stress“ (15.06.2000) oder auch https://osha.europa.eu/de/themes/psychosocial-risks-and-stress.

64
Zu den Einzelheiten des Vorgangs: Bauer, 2002/2010, S. 38 ff. und 2013, S. 39 m.w.N.; Strienz, 2014, S. 25 ff. Eine tabellarische Übersicht: Draht, 2015, S. 62.

65
Strienz, 2014, S. 34 f.

66
Rüegg, 2011, S. 23 ff., 81

67
Bauer, 2002/2010, S. 40 und 2013 S. 40; Rüegg, 2011, S. 74 ff., 80 f.

68
Bauer, 2002/2010, S. 37 und 2013 S. 40; Rüegg, 2011, S. 51 ff.

69
Bauer, 2013, S. 48, 64, 70 f. und 74 m.w.N., 83 ff.; Strienz, 2014, S. 27 f.

70
Bauer, 2002/2010, S. 40 f., 2013, S. 40; Rüegg, 2011, S. 81; Strienz, 2014, S. 27

71
Bauer, 2013, S. 47 ff. und 180 ff.; Peters & Gadiri, 2013, insb. S. 53 ff., 101 f. und 111 ff.; Hüther am unter Anm. 54 angegebenen Ort; Mourlane, 2015, S. 132 ff.

72
Siehe oben in Kapitel 3 Seite 40 f.

73
Bauer, 2007, S. 21 ff. sowie 2013, S. 29

74
Bauer, 2007, Seite 78 f. m.w.N. – Der von Joachim Bauer geprägte Leitsatz dafür, dass psychische Einflüsse, wenn sie längere Zeit andauern, sich auch körperlich auswirken, lautet: „Aus Psychologie wird Biologie." So auch in einem Gespräch im Jahr 2016, das unter BPCGCtEBH2U bei youtube im Internet verfügbar ist.

75
Vgl. Bauer, 2007, S. 77 ff. und 2013, S. 48. Eine Darstellung des neurobiologischen Zusammenspiels zwischen schlechten sozialen Erfahrungen und Aggression findet sich bei Bauer, 2011, Seite 40 ff.

76
Vgl. hierzu Ancelotti, 2017, S. 158. – Ein absolutes Tabu für Vorgesetzte sollte es sein, zu unterstellten Personen sogar sexuell motivierte Kontakte aufzunehmen. Vgl. hierzu auch Bauer, 2013, S. 182, 186. Abgesehen davon, dass dies unter bestimmten Voraussetzungen (§ 174 StGB) sogar strafrechtliche Konsequenzen nach sich ziehen kann, führt es, insb. dann, wenn es sich dabei sogar um wechselnde Personen handelt, über kurz oder lang fast zwangsläufig zu einer völligen Zerrüttung des ganzen Teams.

77
Auch hier kommt die im Kapitel 3 (S. 46 f.) beschriebene Wirkung der Spiegelneuronen zum Tragen.

78
Vgl. dazu das Zitat von Carlo Ancelotti in Kapitel 8 unter A (Seite 141) *„ … große Führungspersönlichkeiten schenken Vertrauen."*

79
Vgl. Bauer, 2013, S. 180 ff.; er legt dort u.a. dar, wie wichtig es für die Gesundheit der Beschäftigten und das Arbeitsergebnis ist, dass Führungskräfte auf ein Klima der Kollegialität und Zusammenarbeit hinwirken und dass die Leistung nachlässt, wenn die Mitarbeiter innerhalb ihrer Gruppe zu starker Konkurrenz ausgesetzt sind. – Auch Raitner, 2019, beleuchtet auf Seite 7 f. seines äußerst erhellenden Büchleins kurz das Problem, dass **Konkurrenz** zwischen den Mitgliedern einer Arbeitsgruppe negative Folgen auf ihre Effektivität haben kann. Er beschreibt dabei ein an der Purdue University (Indiana / USA) durchgeführtes beeindruckendes Experiment mit Hühnern, in dem untersucht wurde, wie sich die Zusammensetzung einer Gruppe auf das Leistungserhalten der Mitglieder bzw. das Ergebnis der gesamten Gruppe auswirkt. Die Leistung konnte hier einfach anhand der Menge der gelegten Eier gemessen werden. Die daraus gewonnene Erkenntnis war, dass die aus besonders leistungsfähigen Hühnern gebildete Gruppe sich durch gegenseitige Konkurrenz letztlich sogar weitgehend aufgerieben hatte, während der Zustand und die Produktivität der Vergleichsgruppe, deren Zusammensetzung nicht gezielt beeinflusst worden war, positiv entwickelt hat. Im Zusammenhang mit den Risiken, die mit Konkurrenz verbunden sind, schreibt Raitner, 2019, auf Seite 40 von einem *„Diktat der Ziele von oben“ und* sogar von *„nachweislich kontraproduktiven finanziellen Anreizen zur Zielerreichung“* und führt dazu weiter aus, dass *„die damit einhergehende Angst vor einer Verfehlung der Ziele ein nicht unwesentlicher Beitrag zur Angstkultur“* ist, *„der die effektive Zusammenarbeit verhindert oder wenigstens behindert“.*

80
An dieser Stelle sei auch nochmal auf die Ausführungen zur positiven Wirkung von Eustress auf Seite 50 sowie das Zitat von Albert Einstein verwiesen, das in Kapitel 8 unter G (Seite 144) abgedruckt ist. Dieses könnte man, wenn auch überspitzt so doch sinngemäß auf den Kern zusammengefasst, auch so formulieren: *„Es gibt keine schwachen Mitarbeiter, sondern nur ihren falschen Einsatz.“* Siehe dazu auch die Aussage von Napoleon Bonaparte auf Seite 147 unter S!

81
Zur Wichtigkeit einer tragfähigen menschlichen **Verbindung zu den Mitarbeitern** für den Erfolg von Führung vgl. in Kapitel 8 unter A und L (Seiten 142 und 146) die Zitate von Carlo Ancelotti und Pep Guardiola. – Vielleicht haben Sie sich auch schon mal die Frage gestellt, wo das große Interesse vieler Menschen an den Berichten der Regenbogenpresse und in den Klatschspalten der Zeitungen und Magazine über prominente Persönlichkeiten herkommt. Hier zeigt sich dieses soziale Grundbedürfnis, den Personen näher zu kommen, die durch ihre herausgehobene Funktion Einfluss auf unser Leben ausüben oder mit ihrer Prominenz eine Vorbildrolle in der Gesellschaft einnehmen. – Aus wissenschaftlicher Perspektive legt insb. Joachim Bauer in seinen Büchern mehrfach eindrücklich dar, dass jede Art von positiver Motivation auf gelingenden menschlichen Beziehungen beruht und somit auf diese angewiesen ist, so u. a. 2007, Seiten 21 ff. und 2013, Seiten 29 sowie bezogen auf das gegenständliche Thema in einem guten Überblick auf den Seiten 185 f.

82
Siehe dazu die Ausführungen auf den Seiten 120 f.

83
So Christian E. Elger, 2009, S. 74, in einem seiner „Kernsätze“ (s.o. S. 48).

84
Ggf. kann der mit dieser Vorstellung des zu besetzenden Arbeitsplatzes betraute Mitarbeiter anschließend auch nach seinem Eindruck von den einzelnen Bewerbern befragt und sein Urteil in die Auswahlentscheidung mit einbezogen werden. Dieses Urteil ist auch deshalb wertvoll, weil es in einer Situation und Atmosphäre vor Ort zustande gekommen ist, also auf einer Grundlage, die sich von der in der Vorstellungsrunde grundlegend unterscheidet.

85
Zur negativen Wirkung von Hierarchien vgl. in Kapitel 8 unter O (Seite 146) das Zitat von Oliver Kahn.

86
So (unter Bezug auf dpa-infocom, dpa:220427-99-63053/7) in ihren Ausgaben vom 27. oder 28. April 2022 u. a. die **Süddeutsche Zeitung**, das **Handelsblatt**, der **WESER KURIER**, das **Hamburger Abendblatt,** die **Frankfurter Allgemeine** sowie auch der Deutschlandfunk und der ORF.

87
Vgl. auch bei Bauer, 2013, S. 187. Zur Frage, worauf bei Kritik generell zu achten ist, um damit die erhoffte positive Wirkung zu erzielen, s. o. in Kapitel 4, S. 65 f.

88
Zur Notwendigkeit, strikt zwischen sachlichem Widerspruch und illoyaler Subversion zu unterscheiden vgl. auch in Kapitel 8 unter H das Zitat des ehemaligen US-amerikanischen Präsidenten Eisenhower (Seite 144).

89
Vgl. Bauer, 2013, S. 181 ff.

90
Sie erinnern sich (S. 35): Das Bedürfnis nach Anerkennung und Wertschätzung (Stufe 4) kommt in der Regel erst dann zur Geltung, wenn die Bedürfnisse der vorausgehenden Stufen, also auch das nach Zugehörigkeit auf Stufe 3 weitgehend gestillt ist.

91
Vgl. die Ausführungen unter den Stichworten „Sitzordnung“, S. 86, „Leitung von Besprechungen“, S. 90 und „Konflikt vor den Kollegen“, Seite 92.

92
Siehe dazu die generellen Ausführungen im Kapitel 3 Seite 38 ff., insb. Seite 41.

93
Raitner, 2019, S. 25, weist darauf hin, dass der bedeutende US-amerikanische Pionier der modernen Managementlehre Peter Ferdinand Drucker dementsprechend sogar rät, grundsätzlich keine Entscheidung zu treffen, der kein Dissens vorausgegangen ist!

94
Siehe dazu Klappenbach, 2011, S. 34 und 49 ff. – Wer sich eingehend mit Konflikten, deren Ursachen, Wirkungen und den Möglichkeiten befassen möchte, sie zu klären, dem sei hierzu das derzeit wohl umfassendste und grundlegende Werk von Friedrich Glasl *„Konfliktmanagement ° Ein Handbuch für Führungskräfte, Beraterinnen und Berater“* empfohlen. Die Arbeiten von Friedrich Glasl (*1941 in Wien), einem international anerkannten und an mehreren Universitäten des In- und Auslands lehrenden Ökonom und Organisationsberater, können als Grundlage der modernen Konfliktforschung gelten. Er bietet a. a. O. (Seite 17) die folgende Definition:

> *„**Sozialer Konflikt** ist eine Interaktion*
> *– zwischen Aktoren (Individuen, Gruppen, Organisationen usw.)*
> *– wobei wenigstens ein Aktor*
> *– eine Differenz bzw. Unvereinbarkeit im Wahrnehmen und im Denken bzw. Vorstellen und im Fühlen und im Wollen*
> *– mit dem anderen Aktor (den anderen Aktoren) in der Art erlebt,*
> *– dass beim Verwirklichen dessen, was der Aktor denkt, fühlt oder will eine Beeinträchtigung*
> *– durch einen anderen Aktor (die anderen Aktoren) erfolge.“*

95
Bei diesem Satz handelt es ich um eine wesentliche These der sog. „Themenzentrierten Interaktion“ (TZI), einem in den 1950er Jahren in den USA von der Psychoanalytikerin und Psychologin Ruth Cohn und Kollegen vor dem theoretischen Hintergrund von Psychoanalyse, Gruppentherapie und Humanistischer Psychologie entwickelten Konzept zum Lernen und Arbeiten in Gruppen.

96
Wie Vorgesetzte generell (abgesehen vom hier behandelten Konfliktpotential) auf **kritische Hinweise von Mitarbeitern** reagieren sollten, um die positive Seite solcher „Geschenke“ zur Geltung zu bringen, sei im folgenden **Exkurs** dargelegt:

Gerade weil Kritik gegenüber Vorgesetzten für beide Seiten, sowohl für die meisten Mitarbeiter, die sich auf diese Weise exponieren, als auch für die betroffene Führungskraft unangenehm, also immer mit negativen Emotionen belastet ist, kommt es sehr darauf an, dass letztere ggf. so sachlich kontrolliert, zugleich aber gelassen reagiert, wie irgend möglich. Denn es gilt alles zu vermeiden, was geeignet ist, bei dem Mitarbeiter das i. d. R. ohnehin bereits bestehende Unbehagen, die Hemmungen, sich angstfrei und ehrlich zu äußern, noch zu verstärken. Anderenfalls ist damit zu rechnen, dass der in der Regel sowieso nur spärliche Zufluss von konstruktiver Kritik allmählich versiegt! Dabei hilft es, sich in die Lage eines sich gutwillig kritisch einlassenden Mitarbeiters zu versetzen und sich klar zu machen, wie sich dieser fühlt, wenn der so angesprochene Vorgesetzte mit einer eingehend erklärenden Rechtfertigung des hinterfragten Sachverhalts oder gar unwillig reagiert. Die Reaktion, die ich für diese Situation empfehle, sollte also möglichst ruhig, knapp und gelassen in zwei Schritten erfolgen: **1.**) dem Dank an den Mitarbeiter für seinen Beitrag und **2.**) der Zusage, seine Anregung zu prüfen und in die künftigen Überlegungen mit einzubeziehen. Jede weitergehende oder zusätzliche Einlassung schadet in dieser Situation im Zweifel mehr als sie nutzt!

97
Siehe dazu die Ausführungen in Kapitel 2 (Seite 27) und Kapitel 4 (Seite 71) mit der Anmerkung 81, wonach jede erfolgreiche Führung voraussetzt, dass es gelingt, eine Verbindung zu den Mitarbeitern herzustellen, um sie über diese durch das eigene Verhalten und Vorbild für die gemeinsamen Aufgaben zu gewinnen.

98
In Kapitel 2 (Seite 24 ff.) wurde bereits ausgeführt, dass immer dann, wenn man auf das Verhalten eines anderen Menschen Einfluss nehmen möchte, bei sich selbst begonnen werden muss.

99
Vgl. hierzu die Ausführungen in Kapitel 4, Seite 59 ff. und Kapitel 5, Seite 92 f.

100
Das hier in sieben Stufen empfohlene Vorgehen orientiert sich an dem von Marshall B. Rosenberg, einem weltweit als Kommunikationsfachmann anerkannten US-amerikanischen Psychologen entwickelten Konzept der sog. „Gewaltfreien Kommunikation" (**GfK**). Diese bewährte Art der Gesprächsführung erhöht die Chance, dass sich der so Angesprochene öffnet und auf die Gedanken des Gegenübers einlässt. Eine gute Zusammenfassung der Zusammenhänge findet sich bei Doris Klappenbach, 2011, *Mediative Kommunikation,* Seiten 137 ff.

101
Siehe oben beim Punkt „Kritik an einzelnen Mitarbeitern in Konferenzen" (S.90) und „Konflikt vor Kollegen" (S. 91)

102
Zu der Wirkung der Spiegelneutronen siehe in Kapitel 3 Seite 46 f.

103
Siehe dazu auch Bauer, 2013, S. 173 ff.

104
Siehe auch die Anmerkung 14. Nur sehr wenige Menschen, etwa ein guter Schauspieler oder gelegentlich leider auch manch ein Betrüger, ist in der Lage, eine Rolle so überzeugend zu spielen, dass Beobachter ihn als glaubwürdig und authentisch wahrnehmen. Ein Vorgesetzter, den seine Mitarbeiter als „unecht" erleben, wird es jedoch schwer haben, diese durch sein Vorbild für seine Ziele zu gewinnen, geschweige denn sie dafür zu begeistern.

105
Mit zahlreichen Berichten der Medien wurde diese Tatsache in den letzten Jahren zunehmend auch ins öffentliche Bewusstsein gerückt. Siehe z. B. den Bericht in der Ärztezeitung vom 17.10.2017 unter https://www.Wenn-Einsamkeit-krank-macht-308104.html. Auch der in diesem Buch bereits mehrfach zitierte Manfred Spitzer hat 2018 zu diesem Problem unter dem Titel *Einsamkeit - die unerkannte Krankheit: schmerzhaft, ansteckend, tödlich* einen in Deutschland viel beachteten Beitrag veröffentlicht.

106
Siehe dazu auch Bauer, 2013, S. 186

107
Auch hier macht sich wieder das Grundbedürfnis nach Anerkennung und Wertschätzung (Stufe 4 nach Maslow) bemerkbar. Die diesbezüglichen Wirkungszusammenhänge wurden bereits in Hinblick auf die innere Haltung der Führungskräfte in Kapitel 2 auf den Seiten 25 f. beschrieben.

108
Zum Wert sachlicher Kritik von Mitarbeitern siehe die Ausführungen auf Seite 106 sowie die Anmerkungen [illegible], [illegible] und 90.

109
Bei Ancelotti, 2017, S. 298, wird sinngemäß ausgeführt, dass zwar zwischen Führungskraft und Mitarbeitern eine gewisse Distanz bestehen muss, persönliche Nähe und professionelle Distanz jedoch kein Widerspruch sind, wenn sich alle Beteiligten ihrer Rolle bewusst sind.

110
Vgl. dazu in Kapitel 8 unter Y (Seite 148) das Zitat von Marc Twain.

111
Siehe im Internet z. B. unter https://www.barmer.de/gesundheit-verstehen/stress oder https://www.tk.de/techniker/magazin/life-balance/stress-bewaeltigen/stress-bewaeltigen-2006918 oder https://karrierebibel.de/stressbewaeltigung/ oder https://www.apotheken.de/krankheiten/hintergrundwissen/5842 stressmanagement-die-ursachen-von-stress-beseitigen

112
Ein vergleichbarer positiver Effekt zeigt sich in mehreren Studien, in denen nachgewiesen wurde, dass schon allein der physiologische Vorgang des Lächelns – unabhängig von der psychischen Grundverfassung der betreffenden Person – eine Ausschüttung von neurochemischen Stoffen, insb. von Dopamin und Endorphin auslöst und damit Stress abbaut.

113
Der bedeutende indische Philosoph Jiddu Krishnamurti (1895 – 1986) hat die Fähigkeit zu beobachten ohne zu bewerten, als „die höchste Form der Intelligenz" bezeichnet. Zum Problem der Trennung von Wahrnehmung und Bewertung siehe auch die Anmerkung 33.

114
Zur „Achtsamkeit" in diesem Sinn siehe auch Elger, 2009, S. 83.

115
Vgl. dazu *„Sich etwas von der Seele reden"* bei Elger, 2009, S. 83 f.

116
Ancelotti, 2017, auf den Seiten 10 ff., 59, 64, 93, 157, 160, 170, 272 und 277

117
Diese Zitate sind dem *Manifest für menschliche Führung* von Marcus Raitner, 2019, entnommen, wo sie unter Angabe der Fundstellen und teilweise in englischer Sprache abgedruckt sind. Siehe dort auf den Seiten 9, 11, 14, 16, 22 f., 24, 27, 32 f. und 40 f.

Register

BzM

Bundesverband zertifizierter Mediator*innen e.V.

BzM e.V. / Gustav-Groß-Straße 83/ 72760 Reutlingen

Die Plattform für Fortbildungen, Supervision, Beratung und für kollegialen Austausch